こんなに面白かった

古代史「謎解き」入門

関 裕二

PHP文庫

○本表紙図柄＝ロゼッタ・ストーン（大英博物館蔵）
○本表紙デザイン＋紋章＝上田晃郷

はじめに

「古代史は、簡単に解《と》ける‼　誰もが、すぐに古代史を理解できる‼」

と言い出せば、眉《まゆ》に唾《つば》される方も、少なくあるまい。何十年もの間、優秀な学者が束《たば》になってかかっても、なかなか古代史の謎は解けないでいるのだから、そう簡単に、素人《しろうと》が答えを出せるとは、思えないだろう。

しかし、コツをつかめば、今まで見すごされてきた貴重なヒントを、誰でも見つけることができる。

たとえば、『日本書紀《にほんしょき》』という貴重な文書がある。養老《ようろう》四年（七二〇）に編纂《へんさん》された現存最古の正史《せいし》（正しい歴史書を意味するのではなく、朝廷《ちょうてい》の正式見解）で、令《れい》和《わ》二年（二〇二〇）は、ちょうど一三〇〇年の記念の年になる。その『日本書紀』の記事と考古学の最新の情報を重ねてみるだけで、多くの謎が解けてくる。特に、弥生《やよい》時代後期から邪馬台国《やまたいこく》、ヤマト建国の時代が面白い。三世紀のヤマトの纏向《まきむく》

（奈良県桜井市《さくらい》）には、各地から多くの人と文物が集まり、化学反応を起こして、ヤマトが建国された。『日本書紀』もこの様子を記録しているのだが、肝心なところを、ぼかしている。これまでは、『日本書紀』がどこをどう隠していたのか分からなかった。ところが考古学が進展すると、『日本書紀』によって抹殺《まっさつ》されてしまった地域が分かってきたのだ。その、活躍したのに記録されなかった地域の「なぜ消される必要があったのか」を探っていくだけで、ヤマト建国の暗部、さらには、『日本書紀』がなぜヤマト建国の歴史を闇に葬《ほうむ》ったのか、その理由が分かってくるのだ。

『日本書紀』に抹殺された地域とは、具体的には、但馬《たじま》（兵庫県北部）、丹波《たんば》と丹後《たんご》（京都府北部と中部から兵庫県東部）から近江《おうみ》（滋賀県）、尾張《おわり》（愛知県西部）にかけての一帯だ（筆者はこれを「タニハ連合」と呼んでいる）。『日本書紀』に描かれた神話やヤマト建国説話の中で、まったく無視されているが、ヤマト建国の前後、この地域が急速に勃興《ぼっこう》し、前方後方墳《ぜんぽうこうほうふん》（前方後円墳《こうえんふん》ではなく、前も後ろも四角）を造り上げ、前方後円墳よりも早く、各地に「前方後方墳ネットワーク」を構築しようとしていたことが分かってきた。そして、ヤマト建国の地・纏向に集まった外来系の土器の過半数が、この地域からもたらされていた。

本文で触れるように、『日本書紀』はヤマト建国の歴史を熟知していて、その上でいきさつを闇に葬った可能性が高い。その過程で、「タニハ連合」の存在は邪魔になり、消し去られたと思われる。

歴史編纂事業とは、歴史の勝者、時の権力者に与えられた特権であり、犯罪隠蔽《いんぺい》の場でもあった。権力者が権力を握るまでの悪事は、消し去ることができたのだ。そして残念ながら、『日本書紀』が編纂されてから明治維新《めいじいしん》に至るまで、朝堂《ちょうどう》を牛耳《ぎゅうじ》っていたのは藤原氏《ふじわらし》で、『日本書紀』がどのような嘘をついていたのか、なぜ歴史を改竄《かいざん》してしまったのか、くわしく検証されてこなかったのだ。

だから声を大にして言いたい。

「『日本書紀』の中に、まだ、謎と秘密はいっぱい眠っていますよ～」

そう、お宝ザクザク状態なのだ。誰でも、その宝を手に入れることができる。そして、気前のよい貧乏作家が、謎を解くコツを、伝授しようというのだ。太っ腹にもほどがある!!

どうかひとつ、欺《だま》されたと思って、古代史謎解きのヒントを見つけだしてほしい。こんなに興奮する知的作業は、ほかにはない。

令和二年一月

関裕二

古代史「謎解き」入門　目次

第二章 常識を疑ってみる

第三章　実践！　謎解きのヒント

第四章　日本の美に潜む謎への道

第一章　謎解きの世界へようこそ

第一歩は飛鳥から始まる

まずは甘樫丘《あまかしのおか》に登ってみよう

これは不思議なことなのだが、一度「大和路《やまとじ》（奈良）」にはまると、後戻りできなくなってしまう。

それまで、「旅行はいつも京都です〜」「はんなりしてきます〜」「奈良？　京都のオマケでしょ？」と公言してはばからなかった乙女たちも、ひとたび大和路の魅力に取り憑《つ》かれると、

「京都？　子供が行けばいいんじゃない？」

と、豹変《ひょうへん》してしまうのだ。じつに恐ろしいことではないか。

古代史もよく似ている。一度はまってしまうと、どの時代よりも、面白く感じる

明日香風吹きわたる甘樫丘

ようになる。謎の深さが断トツに違うのだ。しかも、専門家よりも門外漢《もんがいかん》の方が、興味深い新説を掲げることが多く、その点、誰もが古代史の名探偵になれるチャンスがある。

とは言っても、

「古代史は面白そうだが、なかなか取っつきにくい」

と、思い込んでいる人が多いのだろう。学術書をひもといても、眠くなるだけだ。まあ、たしかに、その通りだと思う。退屈で難解な本は、じつに多いし、『古事記《こじき》』や『日本書紀《にほんしょき》』を読むには、ちょっとした根性がいる。

小生が古代史を生業《なりわい》にしていることを知

ると、「何から始めるべきか」「どの学者の本がためになるのか」と、よく尋ねられる。そういう時はいつも、

「いやいや、そんなことよりも、甘樫丘（甘橿丘）に登られましたか？」

と、聞いてみる。一様に、ハトが豆鉄砲を食らったような顔をなさる。

「古代史を始めようというのなら、まず飛鳥《あすか》（明日香《あすか》）に行こう。そして、甘樫丘に登ろう！」

と、声を大にして言いたい。

甘樫丘は奈良県高市《たかいち》郡明日香村にある標高一四八メートルの丘。奈良盆地そのものが標高四〇～六〇メートルあって（厳密に言うと、標高一〇〇メートル以下を奈良盆地と呼んでいるのだが）、引き算をすると、九〇～一〇〇メートルほどの丘、ということになりそうだ。それほどがんばらなくても、登ることができる。

まずは、風に吹かれてみることだ。

不思議なほどに懐かしい飛鳥

小生も、甘樫丘に登って、古代史の世界に引きずり込まれた一人だ。

最初は仏像に目覚めて、仏寺を巡《めぐ》り歩いていた。だから、京都も奈良も、どちらも等しく通っていた。しかし、甘樫丘に登って、すっかり古代史と大和路の虜《とりこ》になってしまったのだ。

あの当時の飛鳥は、高松塚《たかまつづか》壁画の発見ののち、多くの観光客が訪れるようになっていた。小生はひねくれ者だから、「ブームに乗るのはしゃくに障《さわ》る」と、妙な「敵愾心《てきがいしん》」を抱いて、飛鳥は敬遠していたのだ。

しかし、吉野《よしの》を訪ねた帰り道、新幹線の時間に余裕があったので、「ためしに」と、飛鳥に足を向けたのだ。地理感覚もなかったから、橿原神宮前《かしはらじんぐうまえ》駅から闇雲《やみくも》に東に向かって歩き出した。今思えば、この小一時間に小生の人生そのものも変わってしまったのだ。

石川池《いしかわいけ》（剣池《つるぎのいけ》・伝孝元天皇陵《こうげんてんのうりょう》）を右手に見て、しばらく行くと、飛鳥川にぶつかり、道を右に進むと、ややあって甘樫丘が現れた。ボーイスカウトの団体が、列を作って丘を登っていくのが、見えた。

なんの知識もなかった。ただ、一枚の写真を思い出し、あわててガイドブックを開いてみた。のどかな天香久《あまのかぐ》（具）山《やま》と飛鳥川を写したその写真が、甘樫丘から撮ったものだったことに、改めて気付かされたのだ。「ああ、いつか、ここに行ってみたい」とは思っていたのだ。けれどもその「甘樫丘」が飛鳥にあるとは、迂闊《うかつ》にも気付かないでいた。

改めて今回、ガイドブックのキャプションを読みなおしたら、次のように記されていた。

「飛鳥を吹き渡る秋風は、遠い万葉《まんよう》への誘い。かつて恋に生き、歌に生きた大宮人《おおみやびと》たちの夢の跡が、訪れる者の心をとらえる（後略）」（足立巻一『ブルー・ガイドブックス　奈良と大和路』実業之日本社）

あの時、この一節を読んだのかどうか、定かな記憶はない。けれども、橿原神宮前駅から飛鳥までの徒歩が、想像以上に時間がかかり、帰りの時間が気になってきたところだから、あわてて甘樫丘に登ったのだった。甘樫丘に登って、そのまま来た道を引き返そうと思った。ガイドブックの写真の景色を見て、それだけでよいと思ったのだ。

丘の頂《いただき》に立ち、あたりを見やった。

　甘樫丘は飛鳥のシンボルであるとともに、展望のよいことで知られる。東側一帯は「真神原《まかみのはら》」と呼ばれた飛鳥の中心地で、眼下を飛鳥川が南から北に向かって流れ、そのすぐ先に飛鳥寺《あすかでら》（法興寺《ほうこうじ》）、飛鳥坐《あすかにいます》神社の杜《もり》が見える。目を北に転じれば、大和三山《やまとさんざん》の天香久山、耳成山《みみなしやま》が、西には畝傍山《うねびやま》、その後ろ側に大津皇子《おおつのみこ》の眠る二上山《ふたかみやま》がかすんで見える。この絶景……!!

　ちょうどその時、ボーイスカウトたちがラジカセにテープを入れて、犬養孝《いぬかいたかし》の『万葉集《まんようしゅう》』講座をかけていた。四十年も前なのに、今でもはっきりと覚えている。詳しい話の内容を記憶しているわけではない。けれども、その時味わった感動は、忘れることができない。

「ここで、古代の人間ドラマが展開されていたのだ。蘇我入鹿《そがのいるか》が殺され、壬申《じんしん》の乱の舞台になった……」

　犬養孝の解説を聞いているうちに、涙がこぼれてきたのだ。不思議なことに、ひどく懐かしかった。この時から飛鳥は、特別な場所になった。

みなヤマトが大好きだった

誰もが同じ感動を味わえるかというと、人それぞれだから、断定はできない。しかし、心配ご無用。少しずつ、飛鳥が分かってくるに決まっている。飛鳥には、科学では説明できない、魔力がある。古代人も、飛鳥が好きで好きでたまらなかったのだ。

一般にはあまり知られていないが、志貴皇子《しきのみこ》という天才歌人がいた。天智《てんぢ》天皇(中大兄皇子《なかのおおえのみこ》)の子である。

『万葉集』巻一―五一に、次の歌がある。題詞《だいし》(万葉歌には、多くの場合冒頭に歌の背景を説明する文章が載る)には、「明日香宮より藤原宮《ふじわらのみや》に遷居《うつ》りし後に、志貴皇子の御作歌《みうた》」とある。日本初の本格的都城であった新益京《あらましのみやこ》(藤原宮)に移った直後の歌だ。

ちなみに、「アスカ」に「飛鳥」や「明日香」の二つの書き表し方があるが、元々は、「飛ぶ鳥の明日香」と、飛鳥は明日香の枕詞《まくらことば》だったのだ。それはともかく……。

采女《うねめ》の　袖《そで》吹きかへす　明日香風《あすかかぜ》　都を遠み　いたづらに吹く

ここに登場する「采女」とは、天皇に近侍《きんじ》した下級女官《にょかん》のことだ。国造《くにのみやつこ》や県主《あがたぬし》（ようするに、地方の治政《ちせい》を委《ゆだ》ねられた豪族たち）が、忠誠を誓って天皇に女性を差し出していたのだ。さぞかし、見目麗《みめうるわ》しい女性たちであったろう。その乙女たちの袖を、明日香風が吹き抜けてゆく……。けれども、むなしく吹き抜けてゆく……。

志貴皇子は、旧都の飛鳥を懐かしみ、また、吹き渡る風を「明日香風」と呼んだ。特別な、香り立つような風が、飛鳥には吹き渡ると言いたいのだろう。

一見して、遊び人の歌にも見える。羽衣《はごろも》のように領巾《ひれ》が風に靡《なび》く様を、羨望《せんぼう》と恋慕《れんぼ》を込めて、歌いあげたかのようにも読み取れる。その一方で、この歌の主役は采女ではなく、飛鳥なのではないかと思えてくる。志貴皇子は、ヤマトの風土に人一倍執着していたのではないかと思える節《ふし》がある。

『万葉集』巻一―六四は、志貴皇子の次の歌だ。題詞には、「慶雲《けいうん》三年丙午《ひのえうま》、難波《なにわの》宮《みや》に幸《いでま》しし時、志貴皇子の御作歌」とある。

葦辺行《あしべゆ》く　鴨《かも》の羽《は》がひに　霜降りて　寒き夕べは　大和《やまと》し思ほゆ

葦辺に浮かぶ鴨の羽根に霜が下りる寒い夕べは、故郷のヤマトが懐かしい……。

慶雲三年（七〇六）九月、文武《もんむ》天皇は難波宮に行幸《ぎょうこう》され、志貴皇子は随行したのだろう。九月二十五日から十月十二日の短い行幸なのに、なぜ志貴皇子は、ヤマトを偲《しの》んだのだろう。

「ヤマトに恋人を残してきたのだろう」

というのが、一般的な解釈だ。しかしそれは、現代人の感覚であって、古代のヤマトには、人の気持ちを揺さぶる「何か」が隠されていたのではないかと思えてならない。

志貴皇子は文武天皇のお供で難波宮に赴《おもむ》いたのだが、やはり行幸に随行した忍坂《おさか》部乙麿《べのおとまろ》も次の歌を残している。『万葉集』巻一―七一だ。

大和恋ひ　眠《い》の寝らえぬに　情《こころ》なく　この渚崎廻《すさきみ》に　鶴鳴《たづな》くべしや

ヤマトが恋しくって眠れないのに、心なくこの州崎で鶴が鳴いてもよいのだろうか……。

鶴がどこで鳴こうが、鶴の勝手である。けれども忍坂部乙麿は、ヤマトが恋しくって、寝られなくって、むしゃくしゃしていて、しゃくに障ったというのである。やはり、みなヤマトが大好きで大好きでたまらなかったのだ。

「明日香風」の深意——歴史の謎への最大の鍵

ただ彼らが、単純に「飛鳥が好き」「ヤマトが好き」だったのかというと、問題はここから複雑になっていく。まず、志貴皇子の「明日香風」の歌には、大きな謎がある。というのも、飛鳥と藤原宮は、「目と鼻の先」だからだ。それにもかかわらず、なぜ志貴皇子は「都を遠み」と、呟《つぶや》いたのだろう。なぜ、「明日香風がむなしく吹いている」と言い出したのだろう。

飛鳥に吹き渡る風なら、同じように藤原宮でも感じられたにちがいない。ならば、いったい志貴皇子の言いたかったことは何だったのか……。

飛鳥は、特別な場所なのだろうか。

新益京（藤原宮）遷都《せんと》は持統《じとう》八年（六九四）だが、日本初の本格的都城の寿命は短かった。和銅《わどう》三年（七一〇）には、平城京《へいじょうきょう》遷都が敢行され、都は盆地の北側に移る。

じつを言うと、この頃が、古代史の大きな曲がり角で、「都を遷《うつ》す」こと自体、政変に等しい大きな事件だった。

志貴皇子たちの大仰とも言える飛鳥やヤマトに対する郷愁《きょうしゅう》の背後には、七世紀の悲劇的な歴史が隠されていたのだ。そして彼らの言う「飛鳥（明日香）」や「ヤマト」とは、古き良き時代の象徴だったのではないかと思えてならないのである

そこで、「明日香風」の深意を知るためにも、飛鳥の歴史のあらましを俯瞰《ふかん》しておかなければならない。古代史の謎を解《と》き明かすために、また、日本や天皇の秘密を知るために、最大の鍵となってくるのがこの時代の歴史なので、多少複雑な話だが、辛抱して読み切ってほしい。

まずは、『日本書紀』の言い分を中心に概観しておこう。

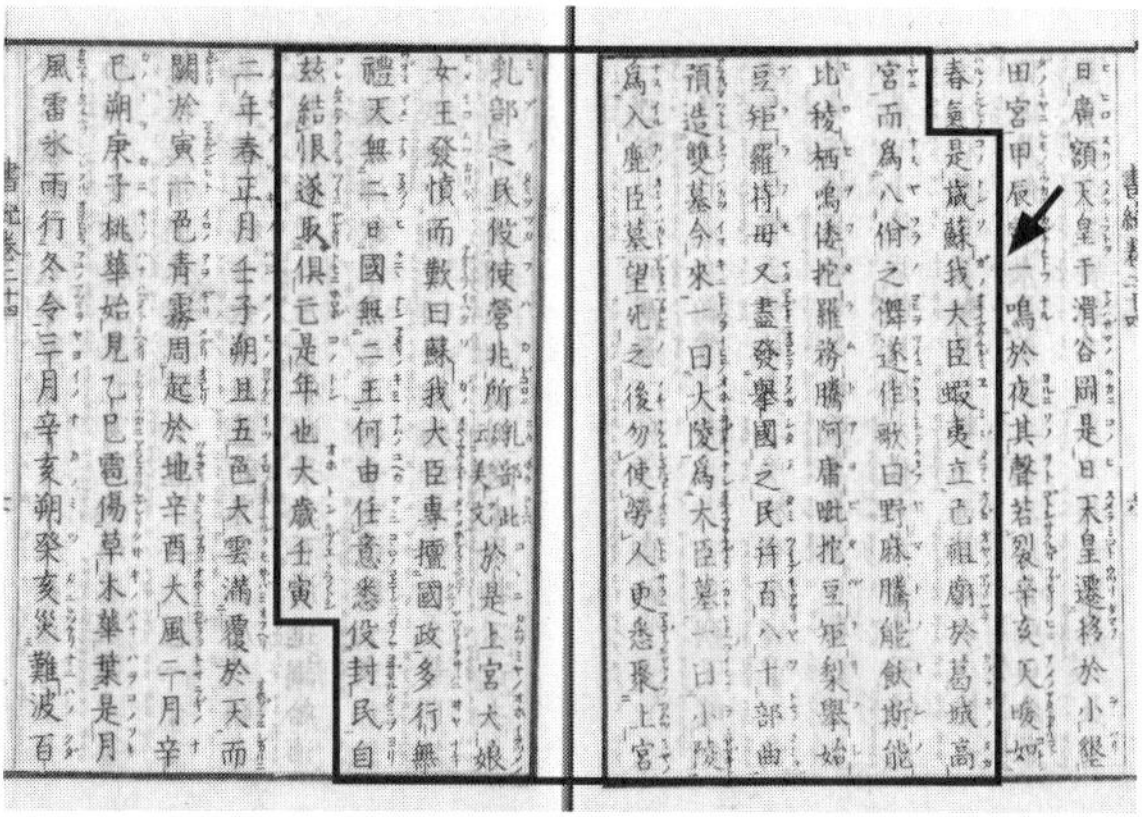
書紀巻二十四
日廣額天皇于滑谷岡是日天皇遷移於小墾
田宮甲辰雷一鳴於夜其聲若裂辛亥天暖如
春氣是歲蘇我大臣蝦夷立己祖廟於葛城高
宮而爲八佾之儛遂作歌曰野麻騰能飫斯能
比稜栖鳴倭拕羅務騰阿庸眦拕豆矩梨舉始
豆矩羅将毋乂盡發舉國之民并百八十部曲
預造雙墓今來一曰大陵爲大臣墓一曰小陵
爲入鹿臣墓望死之後勿使勞人更悉聚上宮
乳部之民役使塋兆所於是上宮大娘
女王發憤而歎曰蘇我大臣專擅國政多行無
禮天無二日國無二王何由任意悉役封民自
茲結恨遂取俱亡是年也太歲壬寅
二年春正月壬子朔旦五色大雲滿覆於天而
闕於寅一色青霧周起於地辛酉大風二月辛
巳朔庚子桃華始見乙巳雹傷草木華葉是月
風雷氷雨行冬令三月辛亥朔癸亥災難波百
書紀巻二十四

蘇我蝦夷《えみし》は天子の特権である八佾舞《やつらのまい》を行ない、勝手に民を徴発して自分と入鹿の双墓を造立、天子の墓の呼称である「陵《みささぎ》」を称した。さらにその墓の労役には上宮王家《じょうぐうおうけ》の民を徴発したため、上宮大娘姫王《いらつめのみこ》（聖徳太子の娘）が憤歎し、それが恨みとなって蝦夷と入鹿は滅んだ、とある（大意）。
※『日本書紀（巻第24）』より（国立国会図書館デジタルコレクション）

飛鳥は激動の時代だった。六世紀末から七世紀の初めにかけて、聖徳太子《しょうとくたいし》が活躍するが、台頭した蘇我氏が改革を邪魔立てしたようだ（と一般には信じられている）。聖徳太子は失意の中、推古《すいこ》三十年（六二二）に薨去《こうきょ》。こうして蘇我氏の専横《せんおう》が始まった（と『日本書紀』に書かれている。以下、『日本書紀』の記事をなぞっていく）。しかし皇極《こうぎょく》四年（六四五）に、中大兄皇子と中臣鎌足《なかとみのかまたり》の手で蘇我入鹿ら蘇我本宗家《ほんそうけ》（本家）が滅ぼされ、翌年に大化改新《たいかのかいしん》（六四六）が断行された。このあたりの事情は、学校の教科書で習ったはずだ。旧態依然としていた統治システムは、ここで刷新され、律令《りつりよう》制度が整えられたのである。

ちなみに、「律令」とは、律（刑法）と令（行政法）で、それまで「不文律《ふぶんりつ》」による統治が行なわれていたが、ようやく成文法が整い、天皇を頂点にした中央集権国家の基礎が固められたのだ。

ただし、政権は安定しなかった。蘇我入鹿暗殺時の天皇は皇極天皇（女帝）で、この直後弟に譲位《じようい》し、孝徳《こうとく》天皇が誕生した。孝徳天皇は難波宮遷都を断行し、晩年甥《おい》の中大兄皇子（皇極天皇の息子）に「飛鳥還都《かんと》」を進言されたが拒否した。すると中大兄皇子は、親族や貴族（豪族）、役人をみな率いて、勝手に飛鳥に移ってしまった。ひとり難波に残された孝徳天皇は、憤死《ふんし》してしまう。

飛鳥は凄まじい権力闘争の時代だった

中大兄皇子は、母（皇極・斉明《さいめい》）を担《かつ》ぎ上げ、重祚《ちようそ》（即位した天皇がいったん譲位し、のちにふたたび即位することをいう）させた。こうして主導権を握った中大兄皇子は、中臣鎌足とともに何をしでかしたかというと、滅亡後復活を試みた朝鮮半島南西部の百済《くだら》を救援することだった。遠征軍を送りこんだが、唐《とう》と新羅《しらぎ》（朝鮮半島東南部）の連合軍の前に大敗北を喫した。これが白村江《はくすきのえ》の戦い（六六三）である。

この間に斉明天皇は遠征先の九州で崩御《ほうぎょ》し、戦後処理を終えた中大兄皇子は、天智六年（六六七）、都を飛鳥から近江《おうみ》の大津（滋賀県大津市）に遷し、翌年即位した。

しかし、天智天皇の治政は想像以上に短く、天智十年（六七一）に崩御。弟の大《おお》海人皇子《あまのみこ》と子の大友皇子《おおとものみこ》が、皇位継承をめぐって一触即発の事態に陥った。天智天皇は弟の大海人皇子を皇太子に指名していたが、もともと天智天皇と大海人皇子の兄弟仲は良くなかった（この兄弟の確執は、こののちも因縁《いんねん》の対立となっていく）。だから、天智天皇は最晩年、大友皇子の即位を願うようになっていた。

大海人皇子は身の危険を感じ、ヤマトの吉野に遁世《とんせい》していたが、「大友皇子が私の命を狙って徴兵している」と主張し、東国に逃れ、一気に近江朝を滅ぼしてしまったのだ。これが壬申の乱（六七二）である。

都を飛鳥（飛鳥浄御原宮《あすかきよみはらのみや》）に戻した大海人皇子は即位し、天武《てんむ》天皇となる。天智朝で遅れていた律令整備を一気に断行しようとしたが、志半《こころざしなか》ばで崩御。皇太子の草壁皇子《くさかべのみこ》は病弱だったせいか、即位できないまま早世《そうせい》。そこで、草壁皇子の母で、天武天皇の皇后だった鸕野讃良皇女《うののさららのひめみこ》が持統四年（六九〇）に即位する。これが持統天皇である。

天武には優秀な皇子が大勢いたから持統即位の可能性は低かった。持統天皇は天智天皇の娘だから、壬申の乱の功臣の数多《あまた》残る政権では、異質な存在だったのだ。しかし持統は、「孫の軽皇子《かるのみこ》（草壁皇子の子）を即位させたい」という執念で、玉座《ぎょくざ》を手に入れた。これには、中臣鎌足の子・藤原不比等《ふじわらのふひと》の暗躍《あんやく》があったようだ。即位後持統天皇は、壬申の乱ののち冷や飯《めし》を喰らっていた藤原不比等を、大抜擢《だいばってき》している。

そして持統十一年（六九七）、持統天皇は軽皇子（文武天皇）に譲位することに成功する。けれどもこの天皇も短命で、慶雲四年（七〇七）に崩御。文武の子の首皇子《おびとのみこ》（のちの聖武《しょうむ》天皇）はまだ幼かったため、ここで中継ぎが担ぎ上げられる。持統天皇の妹で草壁皇子の妃《きさき》、文武天皇の母・阿閇皇女《あへのひめみこ》だ。こうして、元明《げんめい》天皇が誕生し、和銅三年（七一〇）、都は藤原京から平城京に遷された。これが飛鳥周辺に都が置かれた時代の歴史だ。そしてここに、目に見えぬ大きな権力の移り変わりを見る思いがする。

古代史の流れは、「歴代天皇の治政」ばかりがクローズアップされ、「天皇家の血筋は守られたのだから、政権交替はなかった」と信じられている。

たしかに、「王朝交替」はなかった。しかし、「実権を握っていた者の交替劇」ならあった。それが、蘇我氏から藤原（中臣）氏という流れだ。

じつはこの二つの氏族《しぞく》の相剋《そうこく》こそ、古代史を解明するためにもっとも重要な鍵だと筆者は考える。しかし、じつのところ、これまで、二つの氏族の素姓《すじょう》は定かではなかったのである。

また藤原氏といっても、一般には中臣（藤原）鎌足が有名で、子供の藤原不比等は、ほとんど知られてこなかった。これは、『日本書紀』の中で中臣鎌足が英雄視され、かたや藤原不比等は、ほとんど正史《せいし》の中で活躍らしい活躍を見せなかったからだ。しかし、藤原千年の基礎固めをしたのは、中臣鎌足ではなく藤原不比等であり、また、「蘇我氏や旧豪族の息の根を止めた」のも、藤原不比等であった。藤原不比等は蘇我氏や周辺氏族から実権を奪い取り、「藤原氏だけが栄える世の中」の構築に邁進《まいしん》していく。平城京こそ、旧豪族の墓場と化した。平城京は、「王朝交替はなかったが劇的な政権交替は起きていた何よりの証《あかし》」なのである。

なぜこのようなことが言えるのかというと、一番分かりやすいのは、ヤマト建国以来続いてきた名門豪族たちがことごとく埋没していき、最後に残ったのが、藤原氏「だけ」だったからである。

なぜ誰もが蘇我氏の地・飛鳥を懐かしんだのか

飛鳥から平城京の歴史のおおまかな流れが分かってくると、今度は『万葉集』が気になってくるのだ。

『万葉集』を単純に「文学」のジャンルで括《くく》ってほしくない。万葉集の編者たちは、正史『日本書紀』が隠してしまった歴史の真相を、あらゆる手管《てくだ》を駆使して暴いてみせようとしたとしか思えない。歌の配列や題詞を駆使して、物語を構成している。ひとつひとつの歌だけを漫然と眺めていては、『万葉集』編者の「謎かけ」と「頓知《とんち》」を見逃すことになるだろう。『万葉集』は、歌を使った画期的稗史《はいし》（民間の歴史書。正史と区別される）にちがいない。「長閑《のどか》な時代のおおらかな歌が集められている」という常識を、まず疑ってかからねばならない。

たとえば多くの万葉歌人が、「いにしえ（飛鳥時代）に戻りたい」「飛鳥を考えると、いても立ってもいられない」と嘆いている。この「飛鳥が好きで好きで悶々《もんもん》としている」の歌を、かき集めた『万葉集』の編者の意図を、見逃してはならない。なぜなら、『日本書紀』は、「蘇我氏全盛期の飛鳥は、専横がまかり通った暗黒時代」で、「蘇我氏が滅び、改革が断行され、民は大喜びした」と記録しているからだ。これに対し、奈良時代の「生の声」は、「飛鳥にかえりたい〜」だったのだから、矛盾《むじゅん》している。『万葉集』編者の目論見《もくろみ》は、『日本書紀』の歴史改竄《かいざん》を告発することにあったのではないか。

そこで、飛鳥を称《たた》える万葉歌をいくつか拾ってみよう。

まず、『万葉集』巻六―九九二の大伴 坂 上 郎 女《おおとものさかのうえのいらつめ》の「元興寺《ぐわんごうじ》の里を詠《うた》ふ歌一首」だ。

故郷《ふるさと》の　飛鳥《あすか》はあれど　あをによし　平城《なら》の明日香《あすか》を　見らくし好《よ》しも

日本最初の本格寺院・法興寺（飛鳥寺）

故郷の飛鳥ももちろん好きだが、「平城の明日香（飛鳥）」を眺めるのもじつによいものだ、というのだ。

この歌の意味を知るには、少し知識が必要となる。

題詞にある「元興寺《がんごうじ》」は、飛鳥の法興寺《ほうこうじ》（飛鳥寺・本元興寺）が平城京に移されたものだ。平城京遷都に際し、飛鳥や新益京の寺々は、移転するよう命じられた（古代の建造物は、移転させることがほとんどだった。だから、元の場所には、建造物は残らなかった）。しかし法興寺は、頑として言うことを聞かなかった。

飛鳥の法興寺は日本初の法師寺《ほうしじ》（男性の僧のための寺）であった。建立《こんりゅう》は蘇我氏によって行なわれ、蘇我馬子《うまこ》の長子・善徳《ぜんとこ》が初代寺司《てらのつかさ》を務めた。飛鳥の大仏様は、補修されてはいるが造立当時からのもので、ずーっと、あの位置に座っていらっしゃる。

法興寺は蘇我氏の寺であり、平城京は「藤原不比等が企《くわだ》てた藤原氏のための都」だった。歴史の勝者・藤原氏が「寺を移せ」と命令し、蘇我氏の息のかかった法興寺が、抵抗したという形だ。やむなく朝廷《ちょうてい》は、平城京に寺を建て、これを元興寺と呼んだのである。

平城京の人びとは、この元興寺の一帯を「平城の明日香」と呼び、「懐かしい飛鳥そのもの」と考えていたようなのだ。だから大伴坂上郎女は、「平城の明日香もすばらしい」と詠っているわけである。

山部赤人《やまべのあかひと》も飛鳥を詠っている。『万葉集』巻三―三二五の次の歌を見よ!!

明日香河《あすかがわ》　川淀《かわよど》さらず　立つ霧の　思ひ過ぐべき　恋にあらなくに

この歌は、前の歌（巻三―三二四）の反歌《はんか》になっている。「神岳《かむをか》に登りて、山部宿《すく》禰《ね》赤人の作る歌一首」がそれだ。神岳は、飛鳥の雷《いかずちのおか》丘で、甘樫丘のすぐ隣に位置する。この歌の中で山部赤人は「古都・飛鳥」を礼讃《らいさん》し、春秋の飛鳥の風情を愛《め》で、「見るごとに　哭《ね》のみし泣かゆ　古《いにしへ》思へば」と結ぶ。「何を見ても聞いても、昔を思うと泣けてくる」と言っている。そのあとに続いて、例の反歌が詠われた。「霧のようにすぐ消えてなくなってしまうような薄っぺらな恋しい気持ち（望郷の念）ではないのだ！」

と叫んでいる。「飛鳥は、そう簡単に忘れられないのだ」と、訴えているのである。

やはり、ヤマトの中でも、「古都・飛鳥」が、なぜか懐かしくてたまらなかったのだ。

山部赤人は、天平《てんぴょう》八年（七三六）頃亡くなっている。生まれた年は分からないが、新益京遷都（六九四）からだいぶ時間が経過して、この歌が生まれたことは間違いない。山部赤人は飛鳥の時代を知らなかった可能性もある。それにもかかわらず、社会全般の共通の思いを、山部赤人は歌に詠《よ》み込んだのかもしれない。

筆者が昔飛鳥の甘樫丘で受けた、強烈な郷愁。そして、居心地の良さ。それはまさに、万葉歌人たちと同じ感覚なのだった。

しかし、『日本書紀』を読めば、飛鳥は大悪人・蘇我氏の土地とある。このギャップをどう考えれば良いのだろう……。

この違和感こそ、古代史を解き明かす、はじめの一歩になったのだ。そして、仏像ばかり追っかけていた小生が、「ヤマトそのもの」に惹《ひ》かれ始めた瞬間であった。

古代史にのめり込みたいのなら、まずは甘樫丘に登ってほしい。

『日本書紀』を読んでみよう

『古事記』だけ読んでも古代史の謎は解けない

「古代史を勉強するために、『古事記』を読み始めました」と、おっしゃる方が、少なくない。文学全集の第一巻は、たいがいの場合『古事記』から始まる。重たい本を買ってきて、意気揚々とページをめくられたのだと思う。

『古事記』は神典《しんてん》だと、江戸時代から盛んにもてはやされてきた。国学者《こくがくしゃ》・本居宣長《もとおりのりなが》は、『日本書紀』は漢意《からごころ》（中国的発想）であるのに対し、『古事記』は大和心（日本的発想）に満ちていると主張した。

なぜかいまだに、多くの学者や「文化人」が、『古事記』をもてはやすのだ。日本人の三つ子の魂が、『古事記』に宿っていると信じている人は多い。『古事記』にまつわる書籍は、じつによく売れる。「牧歌的《ぼっかてき》な神話」が、日本人は好きで好きでたまらないのである。

けれども、『古事記』は、あまりお薦《すす》めできない。

理由はいくつもある。

まず第一に、『古事記』だけを読んでも、古代史を読み解くことはできない。絶対に、できない。断言できる。

『古事記』は、上・中・下、三巻からなり、上巻は神話、中巻は初代神武《じんむ》天皇から第十五代応神《おうじん》天皇、そして下巻を、第十六代仁徳《にんとく》天皇から第三十三代推古天皇の記事にあてている。推古天皇と言えば、聖徳太子の時代なのだから、これを読めば、古代史の大筋が分かると思われよう。

ところが、ここが不思議なのだが、『古事記』は五世紀末の第二十三代顕宗《けんぞう》天皇の時代で、天皇の事蹟《じせき》、具体的な歴史記述をやめ、事務的に后妃《こうひ》や子供の名、宮の置かれた場所などを綴《つづ》っていくだけで、歴代天皇の活躍すら、無視するのだ。ヤマトの発展、中央集権化は、五世紀末から始まり、また、改革事業につきものの反動勢力の巻き返しがあり、動乱の時代に突入していくのに、なぜか『古事記』は、「一番大切な時代の歴史」を、記録してくれなかったのだ。これは謎めくし、歴史書として最大の欠点と言えよう。

顕宗天皇の死から『古事記』編纂《へんさん》まで、二百年以上の年月が流れている。なぜ、直近の歴史を無視してしまったのだろう。二百年の歴史を棄《す》てる意味は、どこにあったのか、それさえよく分からない。

したがって『古事記』を読んでも、古代史の謎を解くことは、できないのである。

難解な『古事記』序文

第二の問題は、『古事記』の読み方にある。

多くの場合（あたりまえの話だが）、神話から読み始めるだろうが、これが間違っている。

神々の名は見たこともないような漢字で描かれ、覚えきれないほど長く、それが、無数に登場してくる。どの神がどの神なのか、分からないままに、物語は進行していく。

さすがに、スサノヲ（須佐之男《すさのお》、素戔嗚尊《すさのおのみこと》）が登場する頃になると、物語の面白さにのめりこめるかもしれないが、それでも、一回読んだだけでは（しかも原文読み下しなら特に）、何が描いてあったのか、理解できないにちがいない。そして、あまりの煩雑な神々の名と数に圧倒され、古代史が嫌いになるのが落ちなのだ。

それに、正確に言うと、『古事記』は神話から始まるのではない。「臣安万侶《しんやすまろ》言す」と、太安万侶《おおのやすまろ》が天皇に上表《じょうひょう》する形で始まる。これが意外に、難解なのだ。

乾坤《けんこん》（天地《あまつち》）が分かれたときから、三柱《はしら》の神が生まれ……と、なぜか神話の概論を述べはじめ、天孫降臨《てんそんこうりん》、神武東征《とうせい》、飛鳥清原《きよみはら》の大宮で天下《あめのした》を治めた天皇（天武天皇）が壬申の乱を制して即位されたことが綴られ、『古事記』編纂のきっかけが、天武天皇の次の命令だったと記されている。

「諸家のもたらした『帝紀《ていき》』と『旧辞《くじ》』は、すでに真実と異なり、多くの虚偽が加えられている。だから今、これを正しく書き直さなければ、すぐに歴史は霧散《むさん》してしまう。『帝紀』と『旧辞』は、国家の根幹であり、天皇の治政の根っことなる。

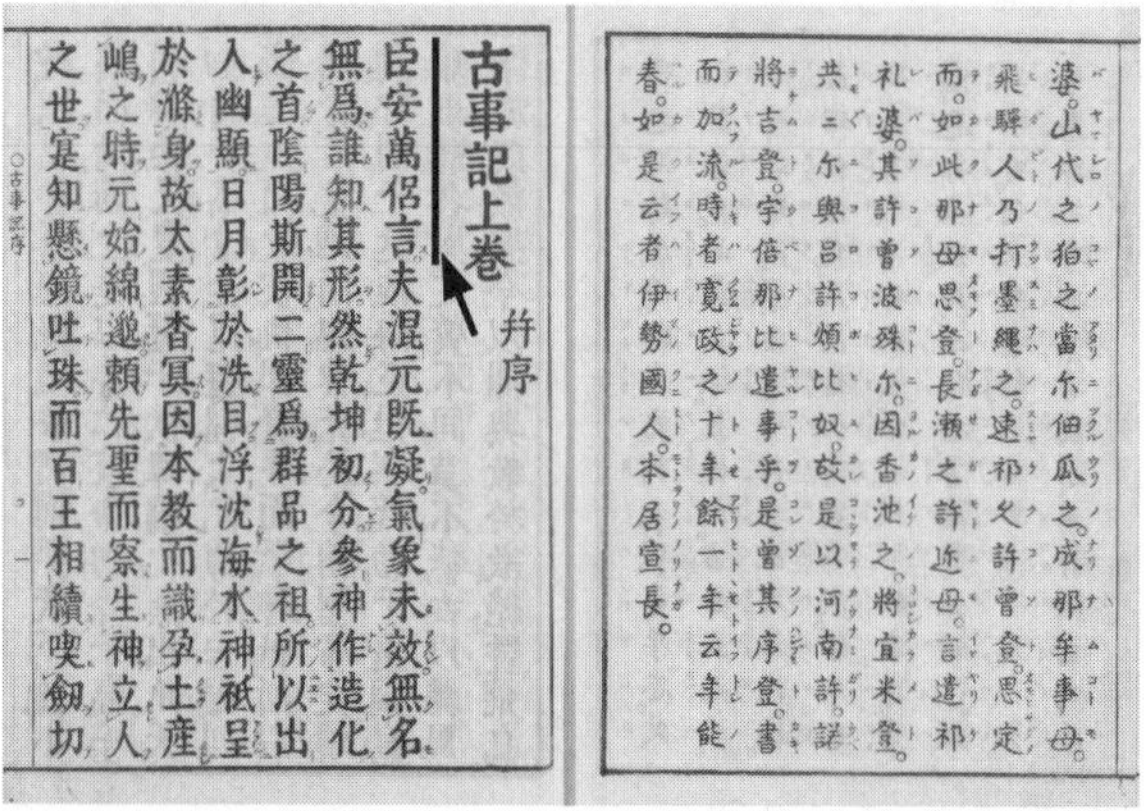
古事記上巻　并序

婆。山代之狛之當尓佃瓜之。成那牟事母。
飛驛人乃打墨縄之。速祁久許曾登。思定
而。如此那母思登。長瀬之許迩母。言遣祁
礼婆。其許曾波殊尓。因香池之。將宜米登。
共ニ尓與呂許煩比奴。故是以河南許諾
將吉登。宇倍那比進事乎。是曾其序登。書
而加流。時者寛政之十年餘一年云年能
春。如是云者伊勢國人。本居宣長。

臣安萬侶言夫混元既凝氣象未效無名
無為誰知其形然乾坤初分參神作造化
之首陰陽斯開二靈為群品之祖所以出
入幽顯日月彰於洗目浮沈海水神祇呈
於滌身故太素杳冥因本教而識孕土產
嶋之時元始綿邈頼先聖而察生神立人
之世寔知懸鏡吐珠而百王相續喫劒切

○古事記序　一

『古事記（上巻）』冒頭部分。
※『古訓古事記』より（国立国会図書館デジタルコレクション）

だから、『帝紀』と『旧辞』を調べ上げ、虚偽を削り、正しい歴史を撰録しなさい」

こうして、聡明な舎人《とねり》（下級役人）の稗田阿礼《ひえだのあれ》に、歴史を誦《よ》み習わせた。けれども、完成することはなかった。その後元明天皇は、和銅四年（七一一）九月に事業を再開されて、太安万侶に仰せられ、「稗田阿礼の誦む旧辞を撰録しなさい」とおっしゃるので、採録した。そして、撰録するうえでの書き方や決まりごとを述べ、天地開闢《かいびやく》から小治田《おはりだ》（推古天皇）の御代《みよ》に至る間のうち、天御中主《あまのみなかぬしの》神《かみ》から日子波限建鵜草葺不合命《ひこなぎさたけうがやふきあえずのみこと》までを上巻、神倭伊波礼毘古天皇《かむやまといわれびこのすめらみこと》（神武）から品陀《ほむだ》（応神）までを中巻、大雀《おおさざき》天皇（仁徳）から小治田までを下巻とする。この三巻を、臣安万侶が、慎んで献上する、という序文で、和銅五年（七一二）正月二十八日に、献上されたと結ぶ。

ほぼここまで、序文のあらすじだけを書いてきたが、これを読んで「面白い」と、何人の人間が感じるのだろう。古代史の知識もない段階で、壬申の乱の、詳細を語られても、面喰らうだけだろう。

神話の時代に突入しても、無数の神々の名前に、目がまわる。『古事記』の神話の巻を読み通すには、かなりの忍耐が必要だ。

『古事記』は正史ではない

『古事記』には、もうひとつ問題が隠されている。まず、『古事記』は正史ではない。これは、しっかりと押さえておいていただかないと困る。

「正史」とは、朝廷が編纂した、「正式な歴史書」の意味だ。『日本書紀』は正史だが、『古事記』は正史ではない。

『古事記』序文によれば、完成したのは西暦七一二年で、正史『日本書紀』は、七二〇年のものだ。『日本書紀』編纂を命じたのは天武天皇と考えられている。天武天皇の時代に、歴史書の編纂を命じられたと『日本書紀』に記されているからだ。かたや『古事記』は、序文の中で、「まず天武が発案し、一度頓挫《とんざ》して、後に改めて元明天皇が編纂を命じた」と記すが、元明天皇の時代に、この記事にあったような事実は『続日本紀《しょくにほんぎ》』に記録されていない。『古事記』の存在そのものが、『続日本紀』や『新撰姓氏録《しんせんしょうじろく》』に登場しないのも、不自然なことだ。

　そもそも『古事記』の序文そのものが、「偽物ではないか」と疑われている。序文の一節に『日本書紀』から「コピペ」した部分が見られること、末尾に記された太安万侶の署名に、「官名」が欠落していることは、公文書の規則から逸脱している。

　さらに、もし仮に『古事記』序文の言うように、『古事記』が天武天皇の命令で編纂されたのなら、なぜ『日本書紀』と『古事記』の二つの歴史書を、天武が求めたのかという謎に突き当たる。

　しかも『日本書紀』と『古事記』では、「政治的立場」が真逆なのだ。その中でも目立つのは、「外交政策」だ。朝鮮半島南部には、百済と新羅が存在したが、二つの国は犬猿の仲にあった。『日本書紀』は前者を、『古事記』は後者を贔屓《ひいき》にしている。

このあたりの事情を理解するためには、ヤマト政権と朝鮮半島の関係を、おさらいしておく必要がある。

百済贔屓の正史『日本書紀』と新羅贔屓の『古事記』

五世紀以降八世紀に至るまで、ヤマト政権は朝鮮半島と複雑な関係でつながっていた。基本的には、朝鮮半島最南端の伽耶《かや》や南西部の百済と手を結んだが、五世紀末から六世紀にかけて、伽耶が滅亡の危機にさらされると、伽耶と国境を接する、百済と新羅のどちらと手を組むかで、ヤマト政権は揺れ動いたのだ。

結局、ヤマト政権は一枚岩となれず、優柔不断な態度に終始し、これが仇《あだ》となった。欽明《きんめい》二十三年（五六二）に伽耶は滅んでしまう。そして後進国と侮《あなど》っていた新羅が、急速に力をつけ、朝鮮半島におけるヤマト政権の立場は地に落ちた。

ところがヤマト政権は、ここで起死回生の策に出る。新羅の北側の騎馬民族国家・高句麗《こうくり》と手をつないだようなのだ。遠交近攻政策であり、日の出の勢いにあった新羅を、包囲する形になった。おそらく、仕掛けたのは蘇我馬子の父・稲目《いなめ》であろう。伽耶滅亡の直後に、稲目は高句麗からふたりの女人《にょにん》を招き寄せ、娶《めと》っている。長年、ヤマト政権は、高句麗の南下政策を阻止すべく朝鮮半島に出兵してきたのだから、劇的な変化と言えよう。ヤマト政権の日和見《ひよりみ》主義が伽耶の滅亡を招いたが、一転して攻勢に転じ、こののち隋《ずい》、唐、新羅とも友好関係を築き全方位外交を発展させ、「飛鳥」という華やかな時代を築くことに成功したのだ。

この間百済と新羅、さらには高句麗までもが、「ヤマト政権を味方に引き込みたい」と、ヤマトでロビー活動をくり広げていたのだった。

しかし、中大兄皇子と中臣鎌足によって蘇我本宗家が滅ぼされ、さらに斉明天皇の時代、中大兄皇子が実権を握ると、ヤマト政権の外交政策は、旧来の「百済一極外交」に後戻りした。だから、百済復興のために、中大兄皇子は救援軍を派遣し、大敗北を喫したのである。これが、白村江の戦い（六六三）のいきさつである。

こののち百済の遺民は大量に日本に亡命してくるが、多くが中大兄皇子（天智天皇）の政権で活躍したと思われる。もちろん彼らは、百済を滅亡に追い込んだ隣国の新羅を憎んでいたのである。

『日本書紀』が、百済贔屓なのは、このようないきさつがあったからで、「親百済派と親新羅派」は、ヤマト政権内にあっても、壮絶な暗闘をくり広げていた。そうなると、同じ政権内で、なぜ「百済贔屓の『日本書紀』」と、「新羅贔屓の『古事記』」の両方が求められたのかという、深い謎を残したのである。

古代史を知るために、まず読むべき書物は『日本書紀』

『古事記』は、今でこそ多くの人に親しまれているが、江戸時代に至り、本居宣長によって「再発見」「再評価」されるまで、ほとんど顧《かえり》みられることはなかった。また、明治政府が『古事記』の神話や神武東征説話を利用したことによって、もてはやされるようになった。それ以前は、物部《もののべ》系の文書『先代旧事本紀《せんだいくじほんぎ》』の方が、名は通っていたのだ。

『古事記』は、どうにも胡散臭《うさんくさ》い。一般にはあまり知られていないかもしれないが、江戸時代から偽書《ぎしょ》説が提出され、今日《こんにち》でも、まだ結論は出ていない。これは、当然のことと思う。たとえば原『古事記』があって、それを平安時代に書き直されたという大和岩雄《おおわ》らの説があるが、この発想を無視することはできない。

『日本書紀』も『古事記』も、天武天皇が発案し、天武天皇の正当性を証明するために書かれたと信じられているが、もし二つの歴史書がひとりの天皇の都合の良いように書かれていたとしたら、不可解なことになる。二つの歴史書が、宿敵の百済と新羅それぞれの肩入れをしていることは普通あり得ない。とすれば、『古事記』の存在意義は、じつに怪《あや》しくなるのである。

ただここで、『古事記』偽書説について深く考えようとは思わない。古代史を学ぶために、最初に『古事記』に飛びつく必要はまったくない、と言いたいだけだ。『古事記』を何度読んでも、古代史の謎解きには、結び付かない。『古事記』は、『日本書紀』を読んで、初めて生きてくる。『日本書紀』に残された「深い謎」を解き明かすために、『古事記』は意味を持ってくるのである。

すなわち、古代史を知るためにまず読むべき書物は、『日本書紀』なのである。

そこで、「『日本書紀』の読み方」を、まず知っておこう。やはり、神話から読み始めればただただ眠くなるだけで、ついには古代史が嫌いになってしまう。だから『日本書紀』に挑戦する前に、最低限の予備知識は頭の中にたたき込んでおこう。史学者が記した古代史の著書（シリーズ物の通史）が良い。お薦めのものは、第四章で触れておく。これを参考に、古代史のおおまかな流れをつかみ、その上で、『日本書紀』に立ち向かおうではないか。ちなみに、「どの『日本書紀』を買うべきか」に悩まれているあなた。定番の『日本古典文学大系』〈岩波書店〉は、お薦めできません。何しろ、旧漢字で現代訳もないため、研究者でない限り、読破することは不可能です。小生なら、小学館の『新編 日本古典文学全集』シリーズを選びます。解説と訳が丁寧。これなら安心。さらに余談ながら、小学館の『日本書紀』でも、「新編」にこだわる必要はないです。古本屋で、旧版を探してください。けっこう安く手に入ります。

『日本書紀』は、最初から読む必要はない。まず、通史を理解した上で、興味を抱いた場所、たとえば、六世紀初頭に越《こし》（北陸）から連れてこられた第二十六代継体《けいたい》天皇に興味を抱かれたなら、ここから読み始めればよいのだ。『日本書紀』は第十五代応神天皇の五世の孫で越に暮らしていた男大迹王《おおどのおおきみ》を連れてきて即位させたと言い、通説はこれを「王朝交替ではないか」と疑っている。継体天皇の時代からあと、物部守屋や蘇我馬子、推古天皇、聖徳太子といった古代史の有名人が次々と登場してくるのだから、読み始めるには、ちょうどよい場面かもしれない。

武烈《ぶれつ》天皇の非道《ひどう》と継体天皇の出現

あるいは、継体天皇出現のきっかけとなった先代の武烈天皇の話もよいかもしれない。『日本書紀』が天皇の正当性と正統性を証明するために書かれたとすれば、非常識な事態が、武烈天皇の場面で起きている。酒池肉林《しゅちにくりん》をくり広げ、醜悪《しゅうあく》で破廉恥《はれんち》きわまりないのだ。

妊婦の腹を割《さ》いて胎児を取り出し、人の爪を剥《は》いで芋を掘らせた。髪の毛を抜いて木に登らせ、その木を切り倒して落ちて死ぬのを楽しんだ。人を池の堤の桶に伏せて入れ、池から流れ出るところを矛《ほこ》で突き刺して殺した。女性を裸にして板に座らせ、馬を目の前に引いてきて交尾をさせた。ここで女性の陰部を見て、潤っている者は殺し、潤っていない者を召し抱《かか》え、官婢《かんぴ》にした（ものすごい話だ）。百姓《おおみたから》が飢

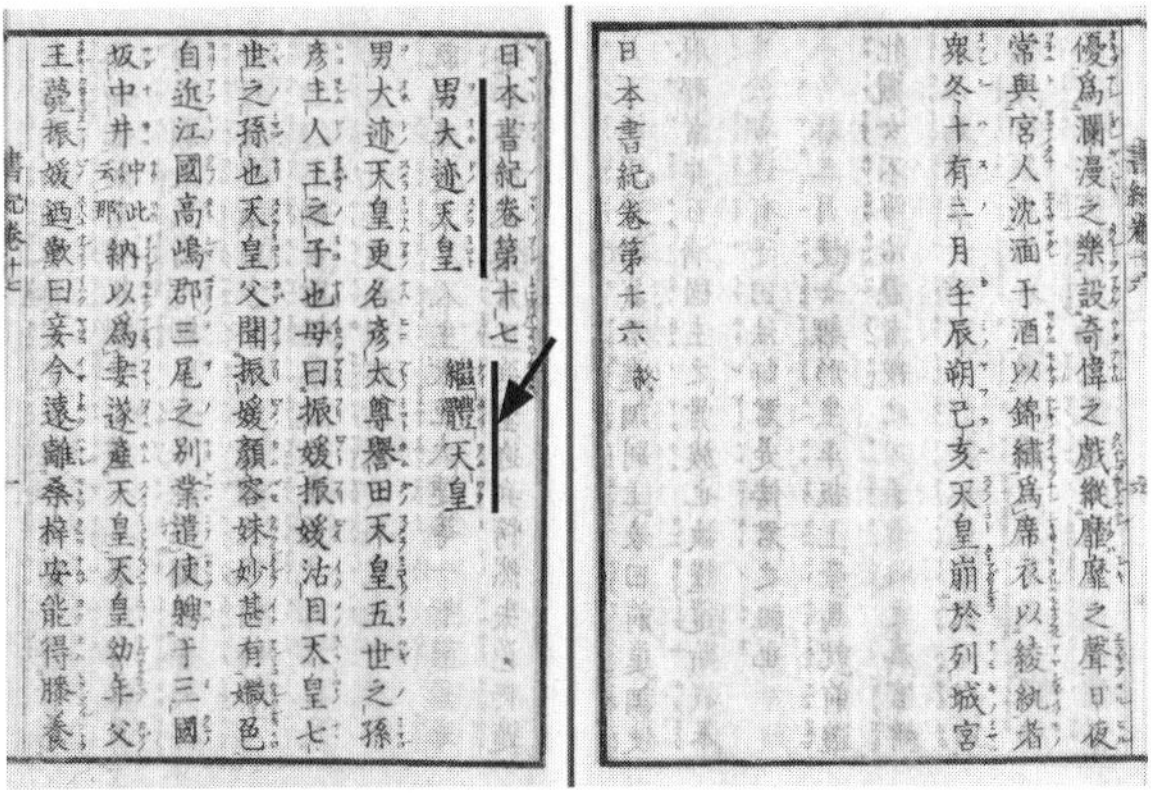
書紀巻十六
優爲瀾漫之樂設奇偉之戯縱靡靡之聲日夜
常與宮人沈湎于酒以錦繍爲席衣以綾紈者
衆冬十有二月壬辰朔己亥天皇崩於列城宮
日本書紀巻第十六　終

日本書紀巻第十七
男大迹天皇　繼體天皇
男大迹天皇更名彦太尊譽田天皇五世之孫
彦主人王之子也母曰振媛振媛活目天皇七
世之孫也天皇父聞振媛顔容姝妙甚有媺色
自近江國高嶋郡三尾之別業遣使聘于三國
坂中井中此云那納以爲妻遂産天皇天皇幼年父
王薨振媛廼歎曰妾今遠離桑梓安能得膝養
書紀巻十七

継体天皇が登場する『日本書記（巻第17）』。
※『日本書紀』より（国立国会図書館デジタルコレクション）

えに苦しんでいるときも、寒さで震えているときも、贅沢三昧《ざんまい》にふけった……。

これらは中国の古典からの引用で、現実の話ではないと考えられているが、そもそもなぜこのような話が『日本書紀』に載っているのかと言えば、継体天皇の出自が怪しく、ここで王朝交替が起きていて、だからこそ、「前政権の暴虐ぶり」を並べ立て、新王朝の正当性を証明していたのではないかと、考えられている。

王朝交替説には安易に同調できないが、ここで強調しておきたいのは、継体天皇が出現した直後から、中央集権国家造りが始まり、だからこそ、多くの事件と悲劇が起きたのであり、武烈天皇や継体天皇からあとの歴史が、面白くてたまらないということだ。その一方で、『古事記』が、このもっとも波乱に満ちた時代の記録を怠《おこた》っていることも、改めて謎めいてくるのだ。

そして『日本書紀』のもうひとつの謎は、あいまいなことだ。継体天皇の時代、何かしらの政変劇があったことは間違いないだろう。しかし、『日本書紀』は前王家の悪逆を暴《あば》いてみせる一方で、継体天皇の出現が「王朝交替だった」と、断言したわけではなかった。中国では、易姓革命《えきせいかくめい》（「易姓」は王の姓が入れ替わること）は、正当化された。新王朝が前王朝の歴史書を編纂し、前王朝の腐敗をただしたと主張し王朝交替は天命だったと証明したのだ。だから、「武烈天皇の暴虐」が記され、「継体新王朝が樹立された」という図式が成り立つ。ところが、『日本書紀』は「継体天皇は応神天皇の血を引いているから王朝は入れ替わっていない」とも言っている。ここに大きな謎が横たわる。

だからこそ、『日本書紀』を、一度読んでみる必要があるのだ。

『日本書紀』は本当に天武のために書かれたのか

ところで、もうひとつ『日本書紀』に関して、述べておかなければならないことがある。

『日本書紀』編纂最大の目的は、天武天皇がみずからの正当性を訴えるためだったと考えられている。天武は甥の大友皇子を殺して玉座を手に入れた。これが壬申の乱（六七二）で、内乱は世直しだったと天武は主張したかったことになる。

『日本書紀』が天武天皇のための歴史書だったという考えは、もはや定説になったように思う。現実に、天武が歴史編纂を命じたと『日本書紀』にも記録され、天武の王家が続いている中で、『日本書紀』が編纂されたのだから、当然のことだ。

しかし、ここに大きな落とし穴が隠されている。天武のために書かれた『日本書紀』なのに、なぜか天武の前半生が分からない。古代史最大の事件だった乙巳《いっし》の変（六四五）の蘇我入鹿暗殺劇に、中大兄皇子（天智）の弟の大海人皇子（天武）が、まったく姿を現していない。若き日の大海人皇子は、「英雄になり損ねたドジな男」

である。

もし『日本書紀』が天武のために書かれたのなら、大悪人（＝蘇我入鹿）を殺す手柄を、説話の中で中大兄皇子から横取りしてもよかったのだ。

『日本書紀』は本当に天武のために書かれたのだろうか。そう思うのは、天武の死から『日本書紀』編纂まで、数十年の月日がたっていて、この間、「王家は天武の血筋」だとしても、「実権を握った者が入れ替わっていた」からである。

『日本書紀』編纂時に朝廷を牛耳《ぎゆうじ》っていたのは、藤原不比等だった。藤原不比等は中臣鎌足の子で、父親の正義を証明するために、『日本書紀』に手を加えた可能性が高い。こののち藤原氏が天皇の外戚《がいせき》となって近世、近代に至るまで、貴族の地位を守っていく中、『日本書紀』がそのまま大事に守られていったところに、『日本書紀』の意味が見てとれる。『日本書紀』は「天皇のために書かれた」のではなく、「藤原氏の正義を証明する歴史書」という視点で見つめ直すと、多くの謎が解けてくる。

たとえば、蘇我入鹿暗殺の場面で、中臣鎌足は弓を持って傍観している。皇位継承候補だった中大兄皇子は命を賭《と》して斬りかかっているのに、中臣鎌足は安全な場所で高みの見物を決めこんでいる。もちろんこれは、『日本書紀』の創作であろう。とすれば、藤原不比等は、王家をも見下していたことになる。

「そんな馬鹿な」

と思われよう。しかし、ほかにも証拠はある。そのあたりの事情は、徐々に述べていこう。

ここで言いたいことは、『古事記』ではなく、まず『日本書紀』から読み始めること、しかも、神話から読むのではなく、継体天皇前後の歴史から読み始めるべきだ、ということ。そしてもうひとつ、『日本書紀』の編纂目的を探りながら読むと、歴史の裏側が見えてくることなのである。

藤原不比等
※『前賢故実』より（国立国会図書館デジタルコレクション）

自分で見て・感じて・考える

常識や先入観を棄てよう

常識や先入観ほどあてにならないものはない。最先端の科学も、常識とは異なる仮説が証明され、新しい物証が見つかれば、それまでの学説は、すぐ古くなってしまう。古代史も同じだ。

多くの古代史ファンは、権威ある学者の専門用語で固められ、ルビ（ふりがな）もふっていない難しい著書を読んで、「なるほど、なるほど」と納得している。難しければ難しいほど、「ありがたい、ありがたい」と、喜んでいる。これを、世間では、知ったかぶりと言う。

吉川弘文館の辞典に『日本古代人名辞典』（全七巻）がある。正史に登場する人物は、必ず登場する。正史のみならず、他の古代文書のどこに何が書いてあると、懇切丁寧に拾い上げてくれている。古代史を研究するには、じつに頼りになる辞典なのだ。

ただし、欠点がある。難解な古代人名なのに、まったくルビがふられていない……。これは不便だ。

もちろん、こんな辞書を使いこなすのは、「ルビなど邪魔なだけ」という学者なのだろうけれども、小生のような凡人、ぼんくらも購入しているのだからと、つい、不満を漏らしたくなる。「なるべく多くの人に、古代史、日本の歴史の真相を知ってほしい」という姿勢が、見られない。「読めない人は、買わなければよいのだ」と、突き放している。

もちろん、予算や手間、さらには「販売戦略」をふくめて、「ルビはいらない」「ルビはなくても必要とする人が求めればよい」という、スーパーカーを作る時に、無駄なラジカセやらなんやら（今時、ラジカセはないか）取っ払ってしまうような、そういう感覚なら、潔《いさぎよ》いとも思うが、「学者村」だけに通じる辞典というイメージは、拭えない。

いや、待てよ。古代史ファンの方にも、問題があるのかもしれない。その昔、とある著者から、耳打ちされた。

「関君、古代史はね、難しく書かないと、売れないんだよ」

なるほど。今から二十数年前の話で、あまり参考にはならないかもしれないが、読みもしない文学全集を応接間の書棚に飾って悦に入る世代は、確かに存在したのだ。

「権威」にすがるのではなく、あなた自身の目を開くこと

ちなみに、東京郊外の古い住宅地や団地のそばにあるブックオフをめぐると、昭和四十、五十年代の全集やら、よだれが垂れそうな豪華本が、古本として棚を埋め尽くしていることが多い。しかも、読んだ形跡のないじつに程度の良い古本だ。おそらく、全集を買い込み、それこそ書棚に飾って「吾輩は、こんなに難しい本を読んでいるぞよ」と、ふんぞりかえっていたお父さんが亡くなり、お母さんに「こんな本、いらん」と、売り飛ばされてしまったのだろう。お気の毒なことだ。

拙宅《せったく》の近所のブックオフで、一度、『定本 柳田國男集』（筑摩書房）が四セットも五セットも陳列されているのを見て、仰天《ぎょうてん》したことがある。ブックオフは「定価の半額」が原則だから、貴重な全集でも、驚くほどの安価で購入できる。あの分厚い書籍の定価は発売当時一〇〇〇円強だったから、文庫本程度の値段で全集を買い揃《そろ》えることができる。

ところで、柳田國男の全集は全巻並んでいたが、紐《ひも》で束《たば》ねていなかったので、「よもや」と思い、ダメ元で店員さんに、「これ、ばら売りしていただけませんか」と、おそるおそる聞いてみた。すると、

「はあ」

と、「そのつもりですが」という感じで、不思議そうな顔をされてしまった。

神保町《じんぼうちょう》で同じことを聞こうものなら、

「このど素人《しろうと》め。全集は全部揃っていないと、価値が下がるんじゃあ」

と、一喝されるに決まっている。というわけで必要な巻だけをごっそり買って帰った次第。それはともかく……。

やはり買ってきた『定本 柳田國男集』のすべての巻が、ほぼ新品だった。手垢《てあか》

が付いていなかったのだ。全巻買ったものの、読むこともなく書棚を飾るだけで終わってしまったのだろう。もったいない話である。

ここで言いたいのは、古代史は「教養」や「見栄」のために学ぶのではない、ということ、そして、「権威」にすがっていても、真相は見えてこないということだ。真実を見極めるのは、あなた自身なのだ。権威のある出版社や新聞社が、客観的事実を伝えているわけではないことは、朝日新聞の「慰安婦捏造《いあんふねつぞう》記事問題」で、はっきりしたではないか。だからわれわれは、しっかりと目を見開き、歴史を見つめ直さなければいけないのだと思う。

覆《くつがえ》された「出雲《いずも》」の常識

古代史の数多《あまた》の常識は、ここ三十年で、ひっくり返された。その代表例が、「出雲」ではなかろうか。

「神話」と言えば、出雲の国譲りを思い浮かべる方も少なくあるまい。あらすじは次のようなものだ。スサノヲが高天原《たかまのはら》（天上界）から追放されて出雲に降り立ち、八岐大蛇《やまたのおろち》退治をし、その後大国主神《おおくにぬしのかみ》が国土を造り上げるも、天神《あまつかみ》たちに奪い取られたのだ。

出雲神話は神話全体の三分の一（『古事記』）を占めているにもかかわらず、歴史として認められてこなかった。戦後史学界は、戦前の皇国史観《こうこくしかん》への反発という形で始まったから、『日本書紀』や『古事記』に記された神話や神話じみた説話を、すべて疑ってかかっているのだ。神話は、天皇家の正統性を謳《うた》いあげるためのプロパガンダと、切り捨てられてしまったのだ。しかも、山陰地方から、神話に見合うだけの考古資料が見つからなかった。そして、戦後の開発が遅れたせいもあって、「山陰地方に神話にあるような強大な勢力が存在したはずがない」と、誰もが信じていたのだ。だから、天皇の祖神を神聖化するために、反対概念としての出雲神話が創作されたと考えられてきた。不用意に「ヤマト建国の直前、出雲は実際に存在したのではないか」と発言しようものなら、「きわもの」のレッテルを貼られかねなかった。「奇《き》を衒《てら》っている」と、笑いものになるのが落ちだった。

そんな中、哲学者・梅原猛は出雲神《いずものかみ》を王家の反対概念として創作されたフィクシヨンと想定、中央から西に向けて流竄《るざん》の憂《う》き目に遭った神々だと主張していた(『神々の流竄』集英社文庫)。

梅原猛の気持ちは、痛いほどわかる。『日本書紀』の神話は混乱しているからだ。同じ話に無数の異伝を並列して、本当の話がどれなのか、よく分からない。出雲の神々の場合、たとえば大国主神には、無数の名が与えられて、どれをとっていいかも分からない。大己貴神《おおなむちのかみ》や大物主神《おおものぬしのかみ》だけではない。それこそ星の数ほど、名を与えられている。また、スサノヲと大国主神の間柄についても、子なのか、末裔《まつえい》なのか、婿《むこ》なのか、異伝が多すぎて、系譜が定かではない。そんなこんなで、出雲神話を歴史と見なすわけにはいかなかった。創作に過ぎないとみなされていたのだ。

しかし、昭和五十九年(一九八四)七月、島根県出雲市斐川町《ひかわちょう》(旧簸川《ひかわ》郡)の農道建設予定地で発掘調査が行なわれ、出雲の歴史観は一変した。整然と並べられた大量の青銅器が出現したのだ。四列に並べられた計三五八本の銅剣群だ。翌年の第二次発掘調査では、銅矛一六本と銅鐸《どうたく》六個が出土した。これが荒神谷《こうじんだに》遺跡である。

それまで全国で発見された銅剣の数を、一か所の遺跡だけで、上まわってしまったのだ。

古代史の常識を打ち破った荒神谷遺跡。銅矛と銅鐸(写真右方)、銅剣(写真左方)が発掘当時の形に復元されている。　〔写真提供：荒神谷博物館〕

平成八年（一九九六）には、荒神谷遺跡の東南三キロの雲南《うんなん》市加茂《かも》町（旧大原郡）の農道建設現場で、ショベルカーが偶然銅鐸を拾い上げた。あわてて発掘してみると、三九個の銅鐸が発見されたのだ（加茂岩倉遺跡）。これも驚異的な数字で、ひとつの遺跡から出土した銅鐸は、滋賀県大岩山《おおいわやま》遺跡の二四個が最高だった。銅鐸文化の中心と目されていたヤマトでも、計二〇個に留まっている。

ちなみに、荒神谷遺跡は、『出雲国風《ふ》土記《どき》』の大原《おおはらの》郡《こおり》神原《かむはら》の郷《さと》の段で、

天《あめ》の下造《したつく》らしし大神《おほかみ》の御財《みたから》を積《つ》み置《お》き給《たま》ひし処《ところ》なり

とあり、出雲神・大己貴命の神宝を祀《まつ》った場所と記されていた。

こうして出雲は、弥生《やよい》時代の「青銅器文化」の担《にな》い手だった可能性が高くなったのだ。

大量の青銅器発見がもたらした新事実

もっとも、当初青銅器二大文化圏の北部九州や畿内で造られた青銅器が、出雲に持ち込まれたのだろうと考えられもした。「出雲がこんなに青銅器を所持していた理由が分からない」からだろう。だから、青銅器の発見は、むしろ北部九州やヤマトの強い影響下にあった証拠に過ぎないと言われもした。

しかし、すべての青銅器が外来系なのではなく、出雲で造られた「出雲オリジナル」の青銅器も交ざっていることが分かってきたのである。

さらに興味深いのは、北部九州や畿内では、弥生時代を通じて青銅器を祭器として尊重したのに対し、弥生時代後期の出雲では新たな祭祀《さいし》形態を模索していったよ

西谷墳墓群の四隅突出型墳丘墓

うなのだ。それが、「大きな首長墓を造る」ことだった。これが四隅突出型《よすみとつしゆつがた》墳丘墓《ふんきゆうぼ》で、山陰地方のみならず、北陸にも伝播《でんぱ》した。規模も徐々に巨大化し、西谷《にしだに》墳墓群（出雲市大津町）の六つの四隅突出型墳丘墓のうちの三つは、一辺が五〇メートルを超えている。供献土器（埋葬の儀式に用いられた）が出土し、さらに棺《ひつぎ》の中には朱が敷かれ、玉《ぎょく》類などの埋納品が見つかっている。また、海の見える高台に築かれ、「強い首長の尊厳」をアピールしているのである。

　山陰地方の巨大な四隅突出型墳丘墓は、このほかにも、島根県安来《やすぎ》市の塩津山《しおつやま》墳墓群、鳥取県鳥取市の西桂見《にしかつらみ》墳丘墓が知られている。

さらに三世紀にヤマトの纏向《まきむく》に出現する前方後円墳《ぜんぽうこうえんふん》の斜面の葺石《ふきいし》は、四隅突出型墳丘墓の貼石《はりいし》の影響を受けたのではないかと考えられている。

弥生時代後期の出雲に、これまで想像できなかった「強い首長」が存在していたことが、はっきりとしてきた。「王の誕生」であり、神話に描かれた「出雲」が、実際に存在していたのではないかと思えてくるのである。

しかも、ヤマト建国ののち、出雲は没落してしまうのだ。これも、「出雲の国譲り」によく似た現象ではないか。

そしてこれら考古学の発展によって、「出雲はたしかにそこにあった」ことを証明してみせた。梅原猛も、自説の過《あやま》ちを認めている（『葬られた王朝』新潮文庫）。考古学が、神話の世界を歴史に引きずり込んだのだ。

「西から東」という常識も崩れてきた

古代の山陰地方が「過疎《かそ》地帯だった」と誤解されてきたのは、「戦後の開発が後回しにされた」ことも、大きな要因だろう。考古学の発掘調査は、「道路や鉄道のインフラ整備」とともに行なわれるからだ。高度成長期に新幹線や高速道路が次々に整備されていく中、考古学は新発見をくり返していたわけだ。そして、人口の少ない山陰地方のインフラ整備は、遅れに遅れたのである。

ところで、古代史の「ゆるぎない常識」に、「文物はつねに西から東に流れていった」がある。弥生時代を通じてもっとも発展していたのは北部九州で、それはなぜかと言えば、朝鮮半島にもっとも近く、先進の技術や鉄を、大量に入手していたからだ。そのため、ヤマトも、北部九州の勢力が東に遷って成立したと信じられてきた。

そして、江上波夫が唱《とな》えた騎馬民族征服王朝説が長い間史学界に影響を及ぼしてきたため、朝鮮半島の強い王が北部九州に渡り、さらに東に向かって、ヤマトは征服されたのではないか、と考えられるようになった。

もっとも、考古学的物証が出なかったから、騎馬民族征服王朝説は下火になった。ただし、騎馬民族による日本征服はなかったとしても、三つの王朝が入れ替わったという水野祐の推論（三王朝交替説）は、いまだに多くの支持を得続けている

三世紀前半の人の動き

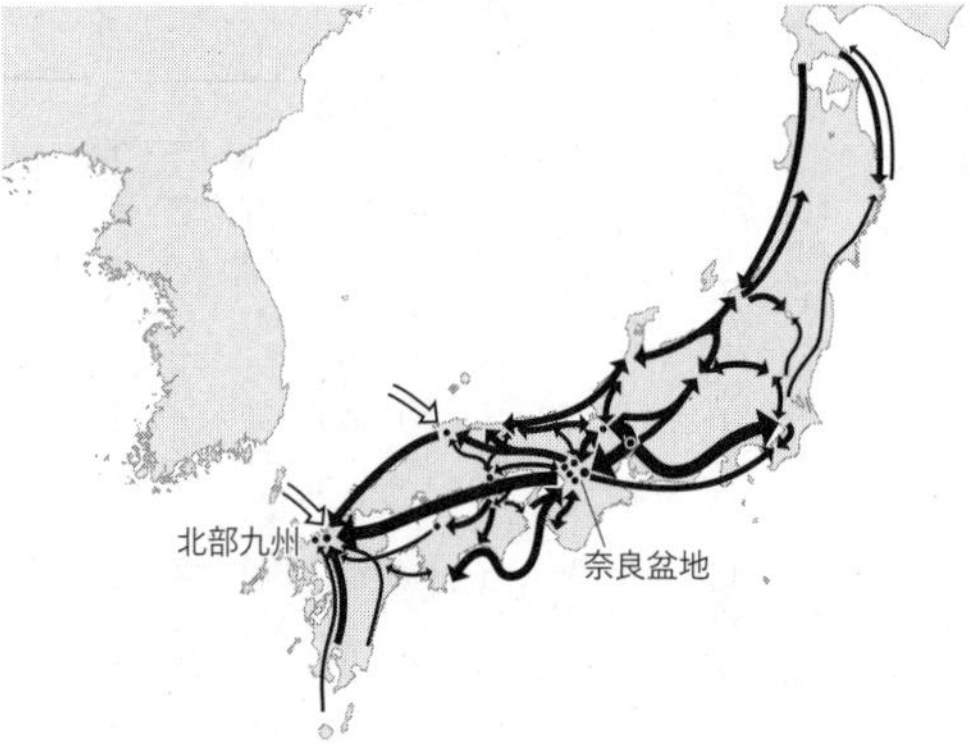

（『日本の歴史 第1巻 列島創世記』小学館を元に作成）

のである。

もちろんこれは、『日本書紀』や『古事記』が、初代王（神武天皇）は九州からヤマトに向かったと記録していたことも、大きな原因かもしれない。

しかし、この常識、一度疑ってみる必要がある。上の図をご覧いただければ、何を言わんとしているのか、一目瞭然であろう。この図は、ヤマト建国直前の人の移動する様を表したものだ。流れは、「西（九州）から東（畿内）」ではなく、むしろ「東（畿内）から西（九州）」であったことが分かる。これはいったい何を意味しているのだろう。

ところで、なぜ人の往き来が掌握できる

のか。その鍵となるのが土器なのである。この時代の人びとは、長距離移動するに際し、「マイ土器」を背負っていって自炊しなければならなかった。だから、よその土地の土器の数を調べることによって、人びとの移動する様が明らかになったのである。

この、活発な人の交流が、ヤマト建国の原動力になったであろうことは間違いないが、問題は、なぜか愛知県西部（以後、尾張《おわり》）が起点となって、東西に人びとが移動していること」なのだ。ヤマトから各地に広がっていったのではなく、まず尾張から、四方八方に人びとが移動していったことが分かる。そしてもちろん、北部九州から畿内に人が押し寄せてヤマトが誕生したのではないこと、むしろ尾張やヤマトから北部九州に人が流れ込んでいたことがはっきりとする。

問題は、この図を見て、「これまでの常識は、覆されるのではないか」と、ぴんとくるかどうかだ。とは言っても、いまだに過去の自説に固執《こしつ》する学者が、いかに多いことか。

「一部の人の流れが尾張やヤマトから西に向かっていたとしても、弥生時代後期からヤマト建国前後にかけての北部九州は、他地域を圧倒するほどの鉄器を確保していたのだから、北部九州の強い王が東に向かったという考えを変える必要はない」と言うのだ。

纏向遺跡にも確認された東国の存在感

「ヤマト建国」は、三世紀後半から四世紀にかけてのことだ。奈良盆地の東南の隅、三輪《みわ》山山麓《やまさんろく》の扇状地に都市、今で言う纏向遺跡（奈良県桜井《さくらい》市）が出現したのだ。前代未聞の政治と宗教に特化された都市で、ここにいくつもの地域の首長が集まってきた。一般にはあまり知られていないかもしれないが、古代史を学ぼうというのであれば、この遺跡を無視することはできない。第三章で触れるように、今ここが、邪馬台国《やまたいこく》の最有力候補地でもあるからだ。

纏向遺跡の大きさは東西二キロメートル、南北一・五キロメートルで、のちの藤原宮や平城宮といった宮城と遜色がない。農耕集落的要素が少ない、計画的な人工都市であった

纏向には「運河」もあった。幅五メートル、深さ一・二メートルの両岸に護岸工

事を施した溝が二本、南北から南西と北西に向かい、V字形に進み、一点に集まる。纒向周辺には四本の川が流れるが、運河はこれを結んでいる。纒向は、水の都でもあった。

また、纒向の特徴は、ここで前方後円墳が生まれたことだ。有力な地域の埋葬文化を寄せ集め前方後円墳が完成し、この新たな祭祀形態が各地に伝播し、地方の首長たちがヤマトの前方後円墳を受け入れ、ゆるやかな連合体に参画した。ここに、ヤマトは建国されたのである。

この時代の遺跡から出土する外来系土器の平均的な割合は五パーセント前後とされるが、纒向の場合、一五パーセントと、群を抜いていた。地方出身者が、大勢纒向に集まっていたことになる。内訳は東海四九パーセント、山陰・北陸一七パーセント、河内《かわち》一〇パーセント、吉備《きび》七パーセント、関東五パーセント、近江五パーセント、西部瀬戸内三パーセント、播磨《はりま》三パーセント、紀伊《きい》一パーセントだった。

この数字を見ても、尾張（東海・伊勢《いせ》湾沿岸部）の土器の多さにびっくりさせられる。史学者たちは、「尾張の人たちは労働力として駆り出された」と考えているが、これは、古代の東国を侮っているから湧き出る発想であって、近年の発掘調査

タニハ連合の関係地図（8世紀以前）

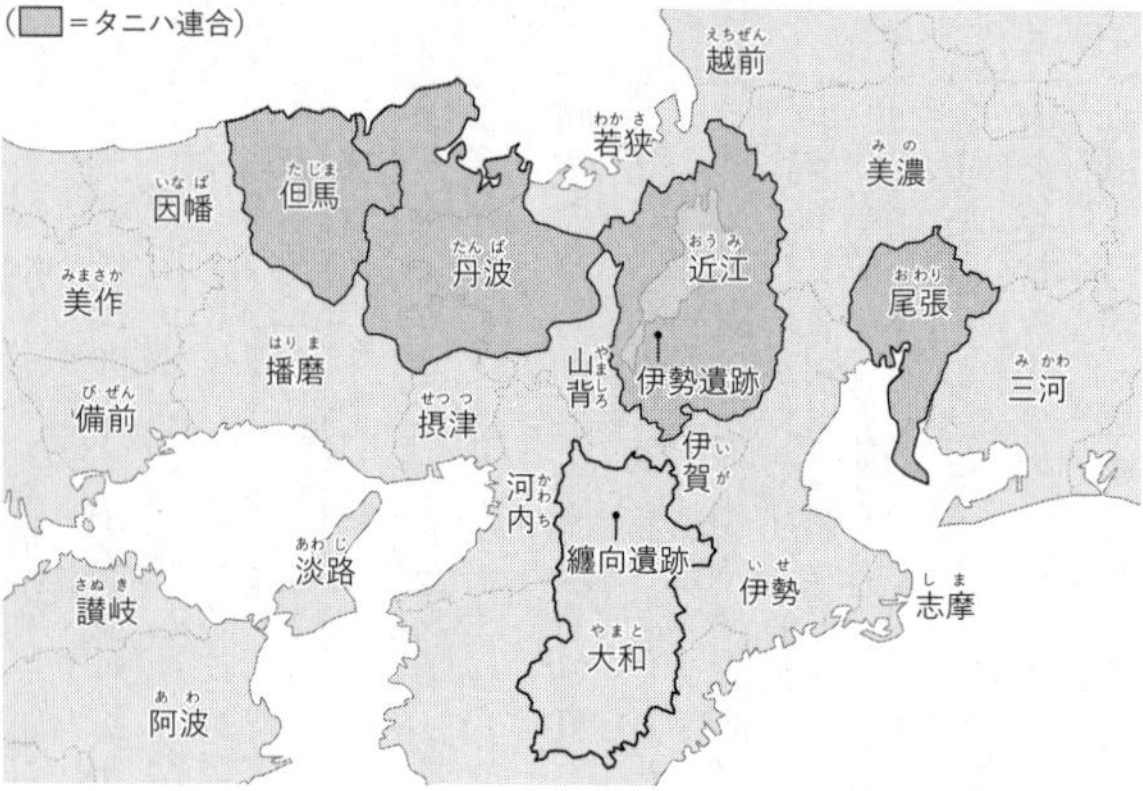

によって、ヤマト建国に果たした「東」の重要性が、次第に明らかになりつつある。

少しマニアックな話になるが。ヤマト建国の直前、ヤマトは鉄の過疎地帯になっていったが、タニハ（丹波〈京都府北部と中部から兵庫県東部〉と但馬〈兵庫県北部〉、日本海側）から近江（滋賀県）と尾張に向けて、文物が流され、鉄ももたらされた（そこで筆者は、この流通ルートを「タニハ連合」と呼んでいる）。このため、近江と尾張が力をつけ、前方後方墳《ぜんぽうこうほうふん》（ヤマトと同じ前方後円墳ではない。前も後ろも四角の古墳）を造りあげ（発祥の地は近江から伊勢湾沿岸）、前方後円墳よりも早く、各地に伝播していった。また、弥生時代の終わりには、近江に巨大な伊勢遺跡も出現した。霊山・三上山《みかみやま》の西側の麓《ふもと》、滋賀県守山《もりやま》市と栗東《りっとう》市にまたがる微高地にある遺跡で、東西約七〇〇メートル、南北約四五〇メートル、面積約三〇ヘクタールで、弥生時代後期（一〜二世紀）の代表的巨大遺跡である。伊勢遺跡は、佐賀県の吉野ヶ里《よしのがり》遺跡や奈良県の唐古《からこ》・鍵《かぎ》遺跡と同等の弥生遺跡だ。巨大建造物がところせましと並んでいたことも分かっている。しかも、ヤマトが建国されると、消えるように縮小していったのだ。

筆者は、これらの遺物から、ヤマト建国にもっとも貢献したのは、近江や尾張、そして丹波の「タニハ連合」なのではないかと睨《にら》んでいる。このあたりの事情は、第三章で詳しく取りあげよう。

ちなみに、ヤマト建国の直前の日本列島の中で、『日本書紀』が神話として取り上げたのは、出雲と南部九州だけで、そのほかの重要な地域は、ことごとく無視されている。だから、タニハ連合地域の情報を『日本書紀』から得ることはできない。

自分なりの仮説を立てる

素人だからこそ斬新なアイディアを

古代史の謎を解く最大のコツは、「自分で仮説を立ててみる」ことではなかろうか。もちろん、知識がまったくない状態で、「邪馬台国は～ではないか」と言い出しても、無意味だし、人様を説得することはできない。だから、最低限の知識は必要だが、知識ばかりを詰め込んで、その中から論を組み立てたとしても、「それは、あの学者の考えでしょ」と、古代史大好き人間には、すぐにばれてしまう。

古代史の知識は豊富なのに、「自分なりの考え」を持っていない人と話すのは、じつに退屈だ。知識をひけらかすだけが趣味なら、近寄りたくない。やっている方も、それで楽しいのだろうか。

今は、インターネットで自分の考えを多くの人に語りかけることが可能となった。自費出版などと金のかかることをするよりも、仲間が増えて楽しかろう。この場合も、古代史の学説をただ並べるだけではなく、ユニークな発想を披瀝《ひれき》してみたいものだ。

ならば、どうやって仮説を立てれば良いのだろう。

まず前述したように、『日本書紀』や古代文書の記事と、考古学を結びつけると良いかもしれない。学問の世界は、「専門分野」が決まっていて、他人の縄張りを侵《おか》すことができないし、自分の領域に踏み込まれると、腹を立てるものなのだ。だから、文献ばかり研究している学者は、意外に考古学の史料を、活用できていない。そこで、「素人だけれども、視点さえ良ければ、面白い考えを提出するチャンスが転がっている」と考えれば良いのだ。

前項の纏向遺跡が良い例だ。邪馬台国畿内論者は、「ほぼヤマト説で決まった」と豪語する。

しかし、よくよく考えてみれば、「邪馬台国よりも大切なことがあるのではないか」と気付くはずだ。邪馬台国ばかり気にしているから、西側の様子しか目に入らないでいる。尾張から大量の土器がやってきているのに、ほとんど無視してしまうのは、北部九州から先進の文物が東に向かって流れ続けていたと、信じてきたからである。

一度考えが固まってしまうと、なかなか新しい発想は芽生えないのだ。その隙に、素人は、

「なぜ纏向遺跡は、奈良盆地の東南の隅に築かれたのだろう（これは、私の抱いた疑念だが）」

と、発想を変えてみればいい。小学生のような感想でも、学者たちの盲点を突くことは十分に起こりうるのだ。

謎がないと信じられている時代に謎がある

邪馬台国論争だけではない。古代史には、まだまだ多くの謎が残されているし、「謎などほとんどない」と信じられていた奈良時代にも、意外な盲点が隠されていることがある。

たしか、松本清張だったと思うが、「奈良時代以降の歴史は、しっかりとした正史（『続日本紀』）が存在するので、謎があまりない」という趣旨の発言をしていた。出典が定かではなく、しかも故人の発言に難癖をつけるのは心苦しいが、奈良時代にも、解けない謎、謎とも思われなかった謎は、いくつもある。

最大の謎は、第四十五代・聖武天皇（首皇子）であろう。

聖武天皇の父は文武天皇で、母は藤原不比等の娘の宮子《みやこ》だ。皇后に立ったのは藤原不比等の娘の光明子《こうみょうし》だから、絵に描いたような、「藤原の子」である。

聖武天皇が即位した時点で、初めて藤原氏は外戚の地位を手に入れたのだ。天皇の母親の一族が外戚として天皇をコントロールし、政局を優位に運んだ。これは、藤原氏の専売特許というよりも、ヤマト建国以来続いた、王家の宿命ではなかったか。すなわち、ヤマト建国当初の王（大王《おおきみ》）は祭司王で、実権を握ったのは、妃の一族であろう。

ただし、藤原氏の場合、律令体制が布《し》かれたあとに外戚になったこと、しかも、他者との共存を望まなかったことに、特徴がある。「あの蘇我氏」でさえ、他の豪族との合議を尊重し、共存する道を選んでいた。しかし藤原氏は、「自家の繁栄だけを求め、敵は容赦なく粛清《しゆくせい》した」のである。

それはともかく、藤原氏の思惑通り、聖武天皇が「藤原の子」として、申し分のない働きをしていた。ところが、藤原四兄弟滅亡の直後から、暴走を始める。藤原氏のコントロールが利《き》かなくなってしまうのである。

その理由については後述するが、要は、親蘇我派の天武天皇の遺志を継承するようになったわけだ。聖武天皇は謎の関東行幸（この時代の関東は、不破関《ふわのせき》や鈴鹿関《すずかのせき》の東側）を敢行し、数年間平城京に戻ってこなかった。このことから、史学者の中には、聖武天皇をノイローゼとみなす者も現れた。梅原猛はこの行幸を「逃亡」と表現し、「実存的不安にかられて」と推理している（『海人と天皇』新潮文庫）。

しかし、聖武天皇の関東行幸には、深い暗示が込められている。すなわち、その行程は曽祖父・大海人皇子（天武天皇）の壬申の乱の足取りをなぞっているのであり（まったく重なっているわけではないが……。そもそも天武は吉野から東に向かい、聖武天皇は平城京から東に向かったのだから、仕方ない）、それはなぜかと言えば、藤原四兄弟滅亡後も聖武天皇を締め付けようとする藤原氏に対し、「もう一度壬申の乱を起こしてもよいのだぞ」と脅す目的があっただろう。中臣鎌足は大海人皇子で

天皇家と藤原氏の関係略図

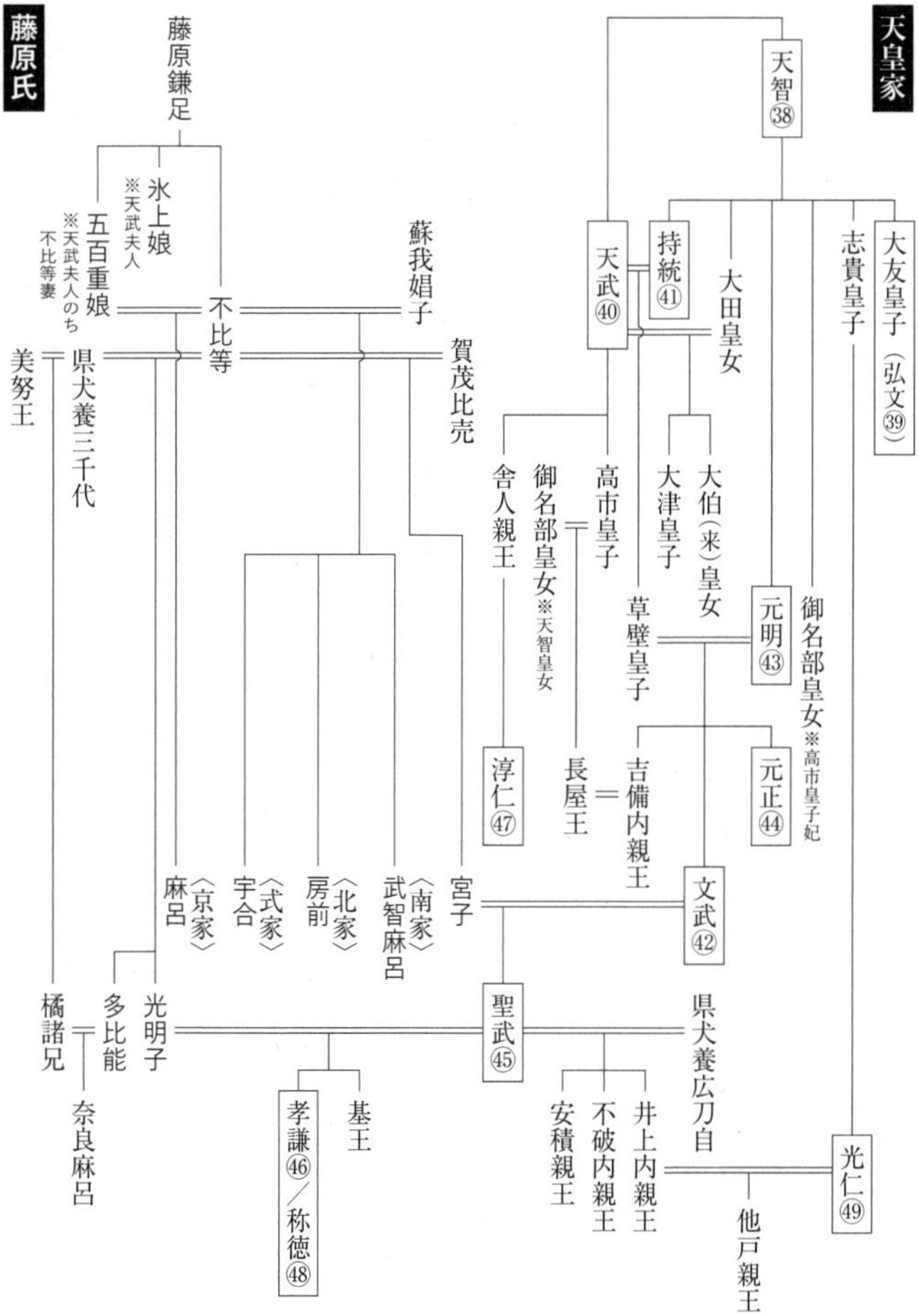

※丸内数字は皇（王）位継承順。長幼の順不同。

はなく、天智の子の大友皇子を推《お》していたから、乱に敗れた藤原氏は、一度没落したのだ。

そしてもうひとつ、聖武天皇の関東行幸には、大きな意味が隠されている。それは、持統天皇が構築した「女帝＝天照大神《あまてらすおおみかみ》から始まる新しい王家」という図式を、振り出しに戻したことだ。「天武の末裔」であることを行動で示し、藤原に対し反旗を翻《ひるがえ》したわけである。

聖武天皇がなぜ豹変《ひょうへん》したのか、自分で仮説を立ててみる

聖武天皇の暴走は（詳しくは後述する）、「藤原の箍《たが》がはずれたから」である。しかし、ここに大きな謎が浮かぶ。というのは、藤原氏の圧力が、まったく消えたわけではなかったからである。

聖武天皇は、母も正妃も藤原不比等の娘だ。この段階で、藤原武智麻呂《ふじわらのむちまろ》の子・藤原仲麻呂《なかまろ》（恵美押勝《えみのおしかつ》）や、藤原宇合《うまかい》の子・藤原広嗣《ひろつぐ》が、聖武天皇に圧力をかけていたであろうことは、想像にかたくない。そう簡単に、反藤原の天皇を標榜《ひょうぼう》する

ことはできなかったはずなのだ。いったいなぜ、聖武天皇の暴走が可能だったのだろうか。それに、聖武天皇の体の中にも、藤原の血は流れていたのだ。その聖武天皇が、なぜ「反藤原派」「親蘇我派の天武の末裔」に化けたのだろう。

ここで、各自が仮説を立ててみてはどうだろう。なぜ聖武天皇は、豹変したのか。光明子はなぜ聖武天皇の暴走を許したのか……。あるいは、光明子の制止を振り切ってまで、聖武は突っ走ったのだろうか。

「そう簡単に、仮説など立てられるわけがない‼」

と、頭を抱えられただろうか。

そこで、いくつか、ヒントを出してみよう。

鍵を握っているのは、光明子だと思う。光明子と言えば、「楽毅論《がくきろん》」の署名「藤三娘《とうさんじょう》」の男勝りの筆跡が有名で、「鉄の女」のイメージが強い。そしてのちに藤原仲麻呂が台頭すると、藤原のために一肌脱いだと、一般には信じられている。

『日本書紀』の次に書かれた正史『続日本紀』の光明子の死亡記事は、聖武天皇よりも詳しく丁寧だ。夫を助け、貧しい者、病んだ者を救い、善行を積んだこと、政治力を発揮したことなどが記される。これは、『続日本紀』が藤原氏の意を汲《く》んで、

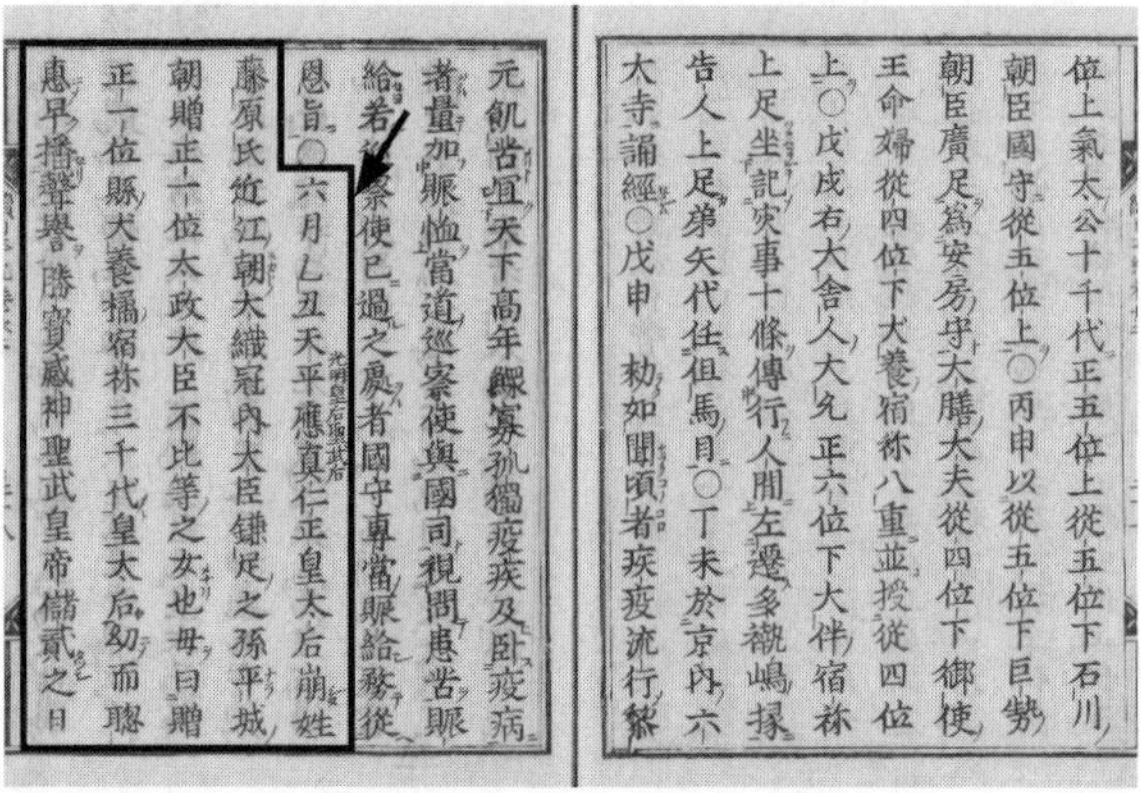

倂上氣太公十千代正五位上從五位下石川
朝臣國守從五位上○丙申以從五位下巨勢
朝臣廣足爲安房守大膳大夫從四位下御使
王命婦從四位下犬養宿祢八重並授從四位
上○戊戌右大舍人大允正六位下大伴宿祢
上足坐記灾事十條傳行人間左遷多褹嶋掾
告人上足弟矢代任但馬目○丁未於京內六
大寺誦經○戊申　勅如聞頃者疾疫流行黎
元飢苦宜天下高年鰥寡孤獨疲疾及卧疫病
者量加賑恤當道巡察使與國司視問患苦賑
給若巡察使已過之處者國守専當賑給務從
恩旨○　六月乙丑天平應真仁正皇太后崩姓
藤原氏近江朝大織冠內大臣鎌足之孫平城
朝贈正一位太政大臣不比等之女也母曰贈
正一位縣犬養橘宿祢三千代皇太后幼而聰
惠早播聲譽勝寶感神聖武皇帝儲貳之日

光明子の崩御を伝える『続日本紀(巻第22)』。上画に見える「天平応真仁正皇太后」が正式な尊称。※『続日本紀』より(国立国会図書館デジタルコレクション)

光明子を礼讃したかったからだろう。聖武天皇が亡くなったときは、遺詔《いしょう》して、道祖王《ふなどおう》を皇太子に指名したというだけで、何も礼讃する言葉がない。藤原氏が聖武天皇をどのように見ていたのか、この記事からもはっきりとする。

光明子の死亡記事に、娘の孝謙《こうけん》天皇が即位すると皇后宮職《こうごうぐうしき》を紫微中台《しびちゅうだい》に改め、勲賢《くんけん》（実力者たち）を選び出し官人として列したとあるが、これは藤原仲麻呂が光明子の虎の威を借りて、太政官《だいじょうかん》に並び立つ「紫微中台」という新たな組織を立ち上げたことを言っている。

皇后宮職は、皇后の身の回りの世話をする役所だったが、太政官に兼任させることによって、「もうひとつの政府」が誕生してしまったのだ。令外官《りょうげのかん》ではないが、律令の規定にない機関を設置したことで、天皇↓太政官とつながるシステムとは別に、光明子（藤原氏）↓紫微中台というラインが出現した。光明子は、「藤原のみが栄えれば良い」という藤原仲麻呂の野望に荷担したことになる。

光明子は聖武天皇が娘に譲位したあと、皇太后朝《おおみおやのみかど》の尊称を与えられたが、梅原猛はこれは天皇と同等の重みを持っていたと言い、光明子が紫微中台に君臨したことは、藤原仲麻呂と仕組んだ、政治的クーデターだったと断言している（『海人と天皇』）。

光明子の正体を突きとめるために揃えたヒント

天平《てんぴょう》勝宝《しょうほう》八年（七五六）六月二十一日、聖武天皇遺愛《いあい》の品の数々が、東大寺《とうだいじ》正倉院《しょうそういん》に移された。由水《よしみず》常雄は『正倉院の謎』（中公文庫）の中で、これを行なったのは光明子と藤原仲麻呂で、聖武天皇の七七忌《き》（四十九日）のどさくさに紛《まぎ》れ、内印《ないいん》と外印《げいん》（内印は天皇の印、外印は太政官の印）を奪い、「お宝」を、正倉院に封印してしまったのだろう、と推理している。お宝を手に入れるというよりも、内外印の強奪が目的だったという。律令体制では、「天皇の命令」といえども、太政官が管理する「内外印」が押印された文書がなければ、効力を発揮しなかった。すなわちここでも、藤原仲麻呂は光明子を利用して、藤原の世を造ることに邁進していたことになる。そうなってくるといよいよ、光明子は「藤原のために尽力した鉄の女」のイメージが強くなってくる一方だ。

ところが、意外な一面がある。それは、『万葉集』巻八—一六五八の、次の歌だ。題詞は「藤皇后の天皇に奉《たてまつ》る御歌一首（光明子が聖武天皇に奉った歌）」である。

わが背子《せこ》と　二人見ませば　幾許《いくばく》か　この降る雪の　嬉しからまし

夫と二人で見るのなら、この降る雪もどれだけうれしいでしょう……。あまりにも無垢《むく》な歌だ。権力闘争に明け暮れた藤原の女とは思えない。これはいったいどういうことなのだろう。聖武天皇に対する、心の底から湧き出る愛情を、この歌から嗅《か》ぎ取ることができるのである。

ここで仮説を掲げるために揃ったのは、二つのヒントだ。まず第一に、光明子は藤原仲麻呂とともに、藤原氏繁栄の基礎を築いたということ。第二に、聖武天皇に対して、乙女のような純粋な愛情を注いでいた、ということである。

もし多くの史学者や梅原猛が言うように、前者が光明子の本当の顔ならば、藤原四兄弟全滅直後の聖武天皇の行動を、光明子は苦々しく思っていたことになる。逆に、件《くだん》の万葉歌が光明子の本心であるならば、聖武天皇が藤原仲麻呂との闘争に敗れ、娘の孝謙天皇に譲位して以降、光明子は夫や娘を藤原の魔の手から守るために、「藤原の女を演じ続けた」ことになる。

いったい、光明子の正体はどちらなのか……。仮説を立てることは可能であろうか。そして、仮説を立てたなら、あらゆる資料にあたって、光明子の正体を明かす必要があろう。

ただし、ここで注意しなければならないことは、『続日本紀』は光明子を「藤原の女」として礼讃していることで、正史の藤原氏に対する記事と藤原氏の政敵に対する記事では、微妙に差があるということだ。この点に留意して、謎解きを進めれば良いのだ。

好きなキャラクターを探すのはいかが

好きなキャラクターは必ずいる

古代史の中心に、「制度史」が居座る。学問としては当然のことなのだろうが、歴史を楽しみたいという人たちにとって、制度史を学ぶことは、退屈で苦痛なのだ。

そこで、難しい古代史を好きになるコツのひとつは、「大好きなキャラクターを見つける」ということではなかろうか。

たとえば、かつて古代史の英雄と言えば、聖徳太子か中大兄皇子＋中臣鎌足コンビと、相場は決まっていたわけだが、マンガの影響もあってか、大海人皇子や大津皇子らに対する関心（特に女性）も高まってきた。

もちろん、ヤマトタケルやスサノヲ、大国主神らも、日本人に愛されてきたキャラクターだ。ヤマトタケルは悲劇的な男として、東日本では、引っぱりだこだ。スサノヲや大国主神も、本来ならば悪役のはずなのだが、いつの間にか、人気の神となって、各地で祀られている。

また、戦前には、意外な人びとがもてはやされた。それは、第十五代応神天皇の母・神功皇后《じんぐうこうごう》と神功皇后を支えた忠臣・武内宿禰《たけのうちのすくね》で、かつてはお札の顔になった。神功皇后と武内宿禰が新羅遠征を敢行し、大勝利を収めた（と、『日本書紀』には書かれている）からだ。

神功皇后と武内宿禰に関して言えば、戦後になって「二人の存在は架空」と、ざっくり切り落とされてしまったが、北部九州から中国地方を旅すれば、「実在しなかった人物が、これほど濃厚な伝承を残すだろうか」と、不思議に思えてくる。それだけ、至る場所で、神功皇后の「足跡」と「具体的な物語」が見つかるのだ。

神功皇后一行が遠征中に滞在した香椎宮《かしいぐう》（福岡市）で、夫の仲哀《ちゅうあい》天皇（第十五代応神天皇の父）は神のいいつけを守らず急死したというが、なぜか喪は伏せられた。

現地には、棺掛椎《かんかけのしい》なる史跡がある。仲哀天皇が亡くなった晩、仲哀天皇を納め

本殿裏にある古宮跡。「棺掛椎」が祀られている。

た棺を椎の木に立てかけ、生きているように見せかけて、「御前会議」が開かれたという。すると、あたりに薫風《くんぷう》が漂ったので、「香椎」の名が生まれたというのだ。

どうにも不気味な光景だ。『日本書紀』の作り話に、なぜ現地では、必要のない伝承が加味されたのだろう。しかも、オカルトじみているのはなぜか。

『日本書紀』は神功皇后の時代に「魏志倭《ぎしわ》人伝《じんでん》」（中国の史書『三国志《さんごくし》』内「魏書東夷《ぎしょとうい》伝《でん》」の倭人条《わじんのじょう》の通称）の邪馬台国の記事を載せるが、通説は、応神天皇を四世紀末から五世紀初頭の人物とみなすから、「時代が合わない」と切り捨てる。けれども、これらの猥雑《わいざつ》な伝承の背後に、何かしらの史実が隠されているのではあるまいか。

ちなみに、香椎宮の裏手には、武内宿禰の末裔が暮らしたという集落があって、現在でも、一軒だけ「武内さん」が残っている。

天日槍《あめのひぼこ》はいかが

どうにも気になって仕方ないというキャラクターは、必ず見つかるはずだ。地元の英雄でもいいのだし、これまでほとんど注目されてこなかった古代の偉人も、探してみる価値はある。ひとりの人物に集中することで、いくつもの発見があるはずだ。

大好きで仕方なくなれば、その人物に関わる資料は、むずかしいはずなのに、面白くて仕方なくなる。古代史が「勉強」や「教養」ではなくて、「趣味」に変わる瞬間がやってくるはずだ。

せっかくだから、古代史の謎解きにつながって、しかも、これまであまり注目されてこなかった人物を、好きになってみたいものだ。

お薦めは、新羅王子・天日槍（天之日矛）だ。この人物、日本の古代史を根本から塗り替える可能性がある。まだ、学者はほとんど無視しているから、誰もが「新説の言い出しっぺ」になれる。

天日槍といっても、ほとんど名が知られていない。しかしこの人物、「突っ込みどころ満載」なのだ。

『日本書紀』によれば、天日槍はヤマト建国前後に（第十代崇神《すじん》天皇が通説通りヤマトの初代王とすればの話だが）新羅から来日したことになる。

『日本書紀』は垂仁《すいにん》三年の春三月、七つの神宝《かんたから》を携《たずさ》えた新羅王子・天日槍が来日し、神宝は但馬国（兵庫県豊岡市）に納めたと記録する。これに続けて、「一に云《い》はく」と、つぎのような異伝を掲げている。

はじめ天日槍は船に乗って播磨国《はりまのくに》の宍粟邑《しさわのむら》（兵庫県宍粟《しそう》市）に辿《たど》り着いた。時に垂仁天皇は人を遣《つか》わし、天日槍に名と出生地を尋ねさせた。すると天日槍はつぎのように答えた。

「日本に聖皇《ひじりのきみ》がいらっしゃると聞き、自分の国を弟に任せ、こうしてやってきてしまったのです」

天日槍を祀る出石神社

という。そこで天皇は、播磨国の宍粟邑を天日槍に与えたが、天日槍は拒《こば》んだ。

「私が住む場所は、自分で気に入ったところを探します」

これを天皇は許した。

天日槍は、宇治川《うじがわ》から遡り、近江・若《わか》狭《さ》・但馬へと移り、ついに但馬の地を選んだ。また、但馬国の出嶋《いずし》（出石）の人・太《ふと》耳《みみ》の娘・麻多烏《またを》を娶り、但馬諸助《たじまもろすく》が生まれた。これが田道間守《たじまもり》の祖である……。

気になることはいくつもある。

まず第一に、天日槍は「聖皇（崇神）を慕ってやってきた」と言っているが、垂仁天皇から下賜《かし》された土地を拒んでいる。戦前なら不敬罪で罰せられていただろうが、垂仁はこれを黙認している。

第二に、天日槍はなぜか、「天」「日」「槍（矛）」と、「神の名」で呼ばれている。しかも、「日」や「槍」には、太陽神の意味合いが込められている。『日本書紀』は親百済派の手で書かれた歴史書で、百済と新羅は犬猿の仲にあった。とすると、親百済派の『日本書紀』の編者が、新羅王子になぜ神聖な名を与えたのだろう。「本名を誤魔化《ごまか》す必要があった」というのも、奇妙な話だ。存在そのものを、神話の中に放り込むことも可能だったはずではないか。それをわざわざ、歴史時代に登場させて、しかも「本当の名ではないとすぐに分かる天日槍」と呼んでいる。なんだか不可解だ。

第三に、天日槍が但馬に辿り着いたというのも、興味津々《しんしん》だ。というのも、この地がタニハ連合の地域にふくまれていると筆者は考える。

では、なぜ但馬をタニハ連合に入れたかというと、理由は二つある。

まず、弥生時代後期の出雲の四隅突出型墳丘墓は、鳥取県には存在し、福井県や富山県まで伝わっているが、丹波、若狭、越後《えちご》のあたりには、空白地帯があって、どうやら日本海の制海権を巡って、たすき掛けの勢力図が完成していたようなの

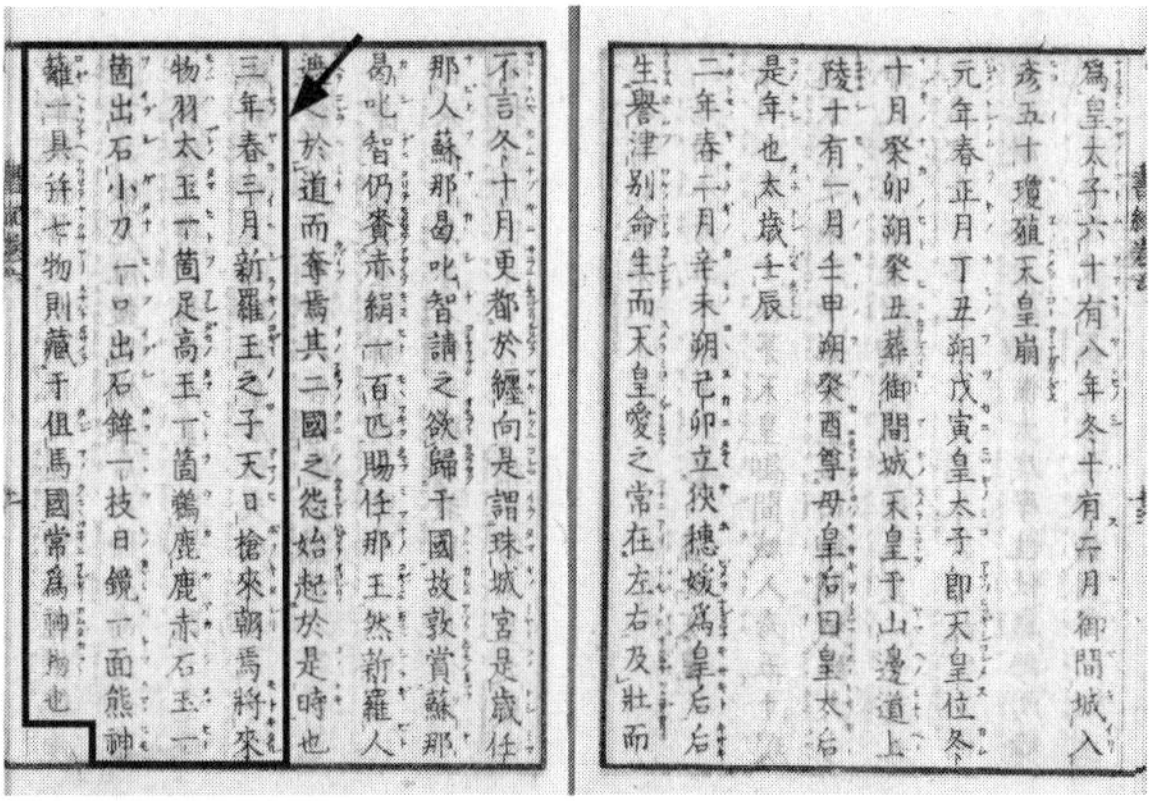

為皇太子六十有八年冬十有二月御間城入
彦五十瓊殖天皇崩
元年春正月丁丑朔戊寅皇太子即天皇位冬
十月癸卯朔癸丑葬御間城天皇于山邊道上
陵十有一月壬申朔癸酉尊母皇后曰皇太后
是年也太歲壬辰
二年春二月辛未朔己卯立狹穗姫為皇后后
生譽津別命生而天皇愛之常在左右及壯而
不言冬十月更都於纒向是謂珠城宮是歲任
那人蘇那曷叱智請之欲歸于國故敦賞蘇那
曷叱智仍齎赤絹一百匹賜任那王然新羅人
遮之於道而奪焉其二國之怨始起於是時也
三年春三月新羅王之子天日槍來歸焉將來
物羽太玉一箇足高玉一箇鵜鹿鹿赤石玉一
箇出石小刀一口出石鉾一枝日鏡一面熊神
籬一具并七物則藏于但馬國常為神物也

『日本書記（巻第6）』垂仁3年、初めて天日槍が登場する。
※『日本書紀』より（国立国会図書館デジタルコレクション）

だ。すなわち、出雲は越中《えっちゅう》、越前《えちぜん》とつながり、かたや丹波は、越後と手を結び、それぞれが遠交近攻策を取っていたのだ。そして、但馬はどちら側に与《くみ》していたかというと、タニハ連合である。

もうひとつの理由は、「タニハ連合」を彩る人脈が、但馬の天日槍と接点を持っていたからだ。もっとも分かりやすいのは、神功皇后と応神天皇であろう。

神功皇后の名はオキナガタラシヒメで、「息長《おきなが》」は近江と関わりの深い名だ。そして、神功皇后は角鹿《つぬが》（福井県敦賀《つるが》市）に滞在し、九州でクマソが背《そむ》いたと知り西に向かい、さらに新羅征討を敢行しているが、凱旋《がいせん》後、応神は、越国の角鹿の笥飯大神《けひのおおかみ》（気比神宮《けひじんぐう》）を参拝し、このとき笥飯大神と応神は名を交換したと『日本書紀』に記録されている。角鹿と言えば、但馬の天日槍と強く結ばれた土地で、近江と但馬の接点が見出せる。もちろん、日本海を通じて、手を組んだのだろう。

脱解王《だつかいおう》とつながる天日槍

天日槍が但馬に辿り着いたという話、気になる点の第四は、神功皇后の九州、新羅遠征の行程が、天日槍の来日後の足取りをほぼなぞっていること、さらに、天日槍がただ単純に「新羅王子だった」と言えるかというと、どうにもひっかかることがある。

神功皇后は、こちらからあちらに行ってこちらに戻ってきた女傑だが、天日槍は、あちらから逃げた女性を追って日本にやってきた人物でもある。その女性は、「親の国に帰る」と言って天日槍を煙《けむ》に巻こうとしたのだが、天日槍と神功皇后の足取りがぴったり重なるというのも、偶然とは思えない。

しかもすでに触れたように、「天日槍」が、新羅王子の名としてふさわしくないのも、不可解だ。

なぜこのようなことに注目するのかと言えば、新羅の脱解王伝説と天日槍が、どこかでつながっているように思えてならないからである。

『三国史記《さんごくしき》』の「新羅本紀」には、新羅第四代の王・脱解尼師今《にしきん》が、海の外からやってきたと記録する。すなわち、倭国《わこく》の東北千里の多婆那国《たばなこく》（不明）の王が女人国（不明）の王女を娶ると、妊娠七年後に、大きな卵が生まれた。不吉なので箱に入れて海に棄てた。すると、朝鮮半島の金官国《きんかんこく》（南加羅《みなみから》）に流れ着いた。しかし、人びとは怪しみ、取りあげなかった。すると辰韓《しんかん》（のちの新羅）に漂着し、老女によって開けられた箱から一人の男の子が出てきた。これが脱解である。西暦紀元前一九年のことだった。

老女に育てられた脱解は、成人して学問で身を立てた。脱解の評判を聞きつけた南解王《なんかいおう》は、王女をあてがい役人にとりたて、さらに、「賢者に王位を授ける」という方針から、脱解が王になったのだ。

この話、戦前に「多婆那国は丹波」と解され、日韓同祖論の根拠になると利用されたため、戦後になると、ほとんど無視されるようになった。しかし、弥生時代に

新羅王家略系図

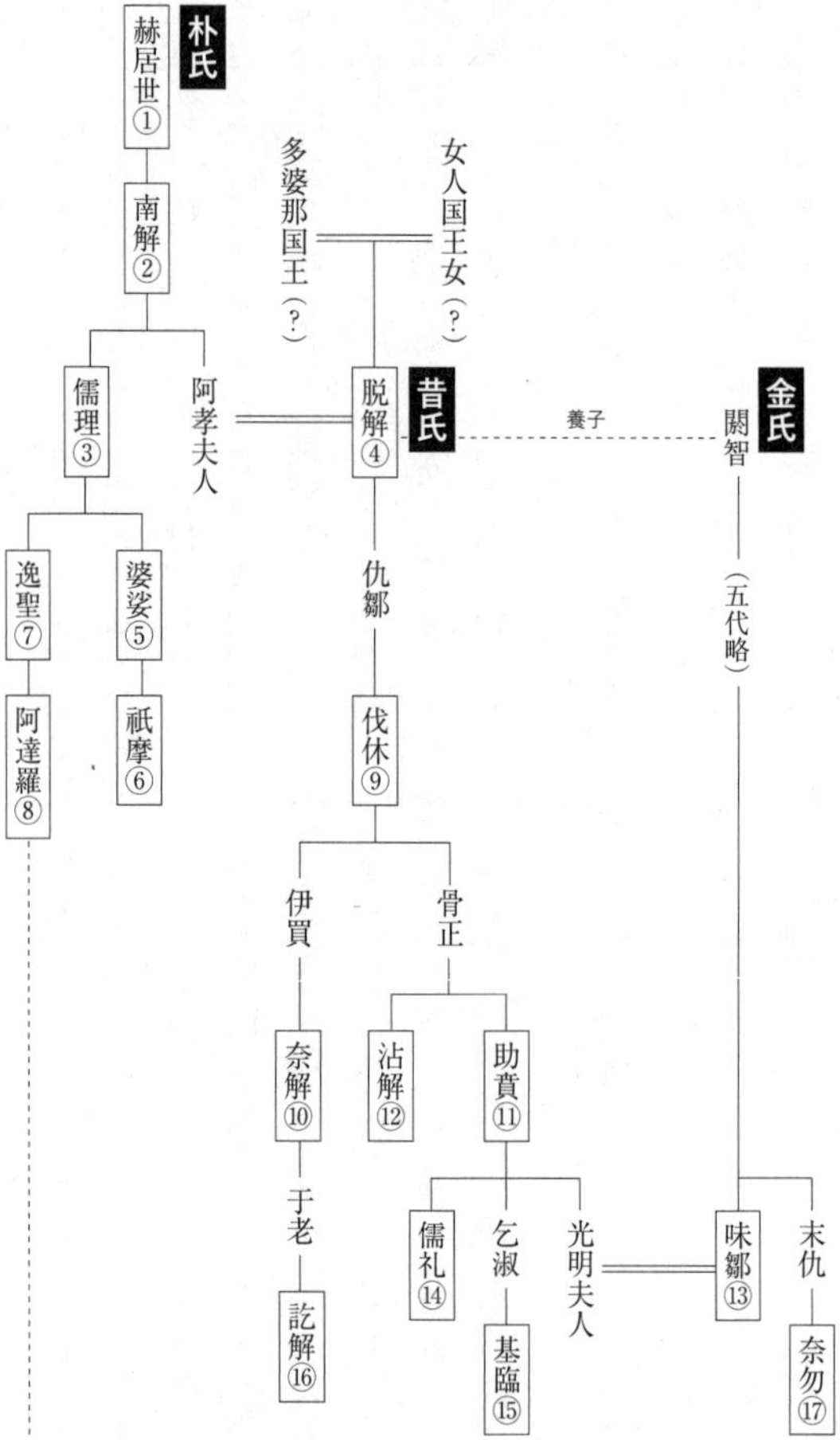

※丸内数字は王位継承順。長幼の順不同。

「倭人《わじん》が鉄を求めて朝鮮半島に渡っていた」という記事が中国の文献にあり、また脱解は「鍛冶《かじ》だった」と記録されているから、丹波（タニハ）から鉄を求めて海を渡った倭人のひとりが、ひとつの地域を束ね、首長（王）となり、伝説が残ったのではあるまいか。そして、天日槍とは、脱解王の末裔であり、朝鮮半島で一旗揚げ、祖国に戻ってきたのではなかったか。

たとえば、天日槍の追ってきた女性が、「親の国に帰る」と言っていることも、事情を熟知していた『日本書紀』編者の暗示ではないかと思えてくる。

「倭人が朝鮮半島で王になれるはずがないではないか……」

と思われるかもしれない。しかし、『日本書紀』顕宗三年是歳《このとしのじょう》条には、紀大磐《きのおおいわの》宿禰《すくね》が任那《みまな》を越えて高句麗と通交し、西方の三韓《みつのからくに》の王になろうとして、宮を整え、自ら「神聖《かみ》」と名乗ったという記事が載る。

森浩一は『韓国の古代遺跡2　百済・伽耶篇』（森浩一監修　東潮・田中俊明編著　中央公論社）の中で、紀氏の地元の紀ノ川下流域が朝鮮半島と強く結ばれた地だったことから、「あながち荒唐無稽《こうとうむけい》に思えなくなった」と言っている。

バカバカしいと決め付けることはできない。神話の中でスサノヲも、最初新羅に舞い下り、「ここにはいたくない」と言い、また「朝鮮半島には金属があるが、日本には浮宝《うくたから》（木材）がなければいけない」と言い、各地に植物の種を植えたという。

スサノヲは蘇我氏と接点を持つが、蘇我氏は神功皇后や天日槍ともつながりがある（拙著『蘇我氏の正体』新潮文庫）。

こうして、ひとりのキャラクターを掘り下げてみるだけで、次から次と、知らなかった事実が浮かび上がってくるのだ。

あなたもひとり、自分のお気に入りのキャラクターを見つけてみては、いかがだろう。

第二章　常識を疑ってみる

「神道」は本当に日本人の信仰世界の根本なのか

天皇は神だが、鬼でもある

天皇はなぜ永続したのかと言えば、「天皇は神」だからだろう。

「なんという時代錯誤！」と憤慨《ふんがい》されただろうか。けれども、ここに言う「神」は、「鬼と同一の神」を指している。「天皇は神だが、鬼でもある」のだ。

何を言わんとしているのか、長くなるが、説明しよう。

日本人は、多神教世界の住民だ。

多神教は、万物に精霊《せいれい》は宿るというアニミズムから発生した。石や岩、川、海、空、雲、風、山、星、樹木、ありとあらゆる「物」に、精霊や神は宿ると信じたのだ。古い神社に行くと、磐座《いわくら》に注連縄《しめなわ》を張ってある光景を良く目にするが、雷が避雷針めがけて落ちてくるように、神は磐座や目印になる御神木《ごしんぼく》などに、依《よ》り来《き》たると信じられていたのだ。

唯一絶対の神を崇《あが》める一神教世界から見れば、多神教は野蛮で迷信に満ちた信仰に思えるようだ。多神教が進歩して一神教になったと、彼らは信じてもいる。

「いやいや、日本人のほとんどは、信仰とは無縁の生活を送っている」と、反論されるだろう。しかし、外から見ると日本人は、固いコア、民族の三つ子の魂を持ち合わせているという。

しかし……、と、日本人自身が、納得できないかもしれない。日本人は正月は神社に詣《もう》で、葬式は仏寺、結婚式はキリスト教会と、確固たる信仰を持ち合わせていないように思えてくる。

カラクリは、簡単なこと。日本人は「物に神は宿る」「神はいたるところに存在する」と信じているから、お釈迦《しやか》様も、キリストも、「もう一柱《ひとはしら》の神」として、世界中の信仰や祭祀《さいし》を、抵抗なく受け入れていったに過ぎない。受け入れた上で咀《そ》嚼《しやく》し、日本的な信仰に切り替えていってしまうのだ。

たとえば、日本人の根っこの信仰を仮に神道《しんとう》と呼べるならば、神道は、ありとあらゆる宗教観を取り入れていった。そのため神社と仏寺は、いつの間にか重なっていってしまっている。神社の境内《けいだい》に仏寺が建立《こんりゅう》され、神官がお経を読みあげるなどということが、普通に行なわれていたのだ。これを神仏習合《しんぶつしゅうごう》と言い、明治維新《めいじいしん》後、「これはおかしい」ということで、無理矢理引きはがされ、仏寺は荒廃していったのだ。これが、廃仏毀釈《はいぶつきしゃく》で、多くの仏像が、破壊されてしまった。興福寺《こうふくじ》の五重塔も、危うく「焚《た》き木」として転売されるところだった。

ただし、うわべの信仰形態の変遷とは裏腹に、神道と仏教が習合したあとも、日本人の信仰形態の根っこの部分は、少しも変わることはなかったという指摘がある。

分かりやすい例が、「お盆」かもしれない。旧暦の七月十五日の前後、先祖の霊が帰ってくると言い、供物《くもつ》を捧げ、先祖霊とともに過ごす風習で、仏教行事と信じられている。

たしかに、「お盆」は仏教行事の「盂蘭盆会《うらぼんえ》」なのだから、仏事と信じられているのは当然のことだ。しかし、

「盆踊りも仏教か？　お釈迦様も踊っていたのか？」

と尋ねられたら、なんと答えれば良いのだろう。

「御先祖様がこの日に帰ってくると、一言でもお釈迦様は言ったことがあるのか？」

と仏教学者に質問すれば、「とんでもない」と、首を横に振るであろう。

誤解されている「神道」の根本的原理

「仏教が分からなければ、日本人の正体を知ることができない」

と信じている人もいる。たしかに、仏教は日本人の心の拠《よ》り所となってきたかもしれない。けれどもそれはうわべの話であって、日本に移入された仏教は、すぐに「日本化」されていったのだ。日本人の心の奥底には「神道」が居座りつづけていたからである。

たとえば堀一郎は『聖と俗の葛藤』（平凡社ライブラリー）の中で、次のように語っている。

神道と仏教は複雑多岐な習合を遂げたといわれる。しかし、その習合は真にシンクレティズムとよぶべきものではなかった。（中略）神仏の習合はいずれの面でもきわめてルーズな形でしか行なわれず、教理的にも儀礼的にも体系化の道はたどらなかった。

すでに述べたように、古代の日本人は、お釈迦様を、もう一柱の神と捉え、だからこそ、新たな信仰形態を、すんなり受け入れたのである。

ただし、「神道」は、現代人が思い抱《いだ》くような信仰とも、少し違う。

そもそも日本人の信仰を「神道」の二文字で括《くく》ってしまって良いのだろうか。「神道」の文献の上での初出は『日本書紀《にほんしょき》』で、「仏教」に対する概念として、登場するにすぎない。

神社には、その昔、本殿《ほんでん》も拝殿《はいでん》もなかった。ただ磐座や、御神木に注連縄を張るだけだったのだ。立派な社殿が建てられるようになったのは、寺院伽藍《がらん》が建てられ、それに影響されたからだ。たとえば石上神宮《いそのかみじんぐう》（奈良県天理《てんり》市）の本殿が建てられたのは、今から百年ほど前のことだ。出雲神《いずものかみ》・大物主神《おおものぬしのかみ》を祀《まつ》る大神《おおみわ》神社（奈良県桜井《さくらい》市）では、拝殿はあるが、いまだに本殿はない。背後の三《み》輪《わ》山《やま》が御神体なのである。

仏教公伝《こうでん》（五三八あるいは五五二）からしばらくして日本で初めて蘇我稲目《そがのいなめ》が一人仏像を祀ることにしたが、この後、最初に得度《とくど》（出家《しゅっけ》）したのは女性で、これは本来の仏教ではあり得ないことだった。なぜ日本では真っ先に尼僧《にそう》が生まれたのかというと、「神を祀るのは女性（巫女《みこ》）」という発想があったからにちがいない。

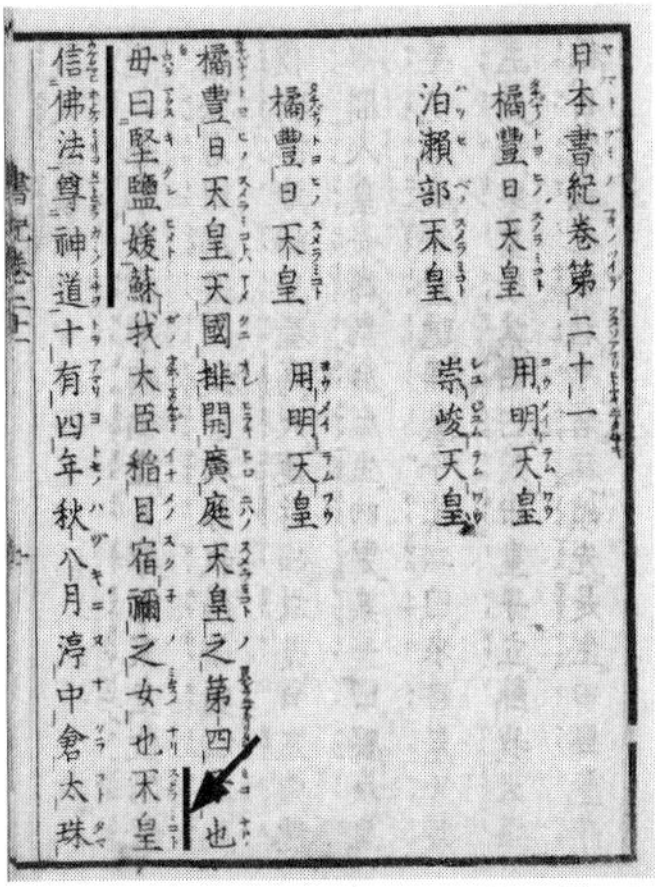
日本書紀巻第二十一
橘豊日天皇　用明天皇
泊瀬部天皇　崇峻天皇
橘豊日天皇　用明天皇
橘豊日天皇天國排開廣庭天皇之第四子也
母曰堅鹽媛蘇我大臣稲目宿禰之女也天皇
信佛法尊神道十有四年秋八月渟中倉太珠

「神道」が文献上初めて登場した箇所（『日本書記（巻第21）』用明《ようめい》天皇の条）。「天皇信佛法尊神道（天皇は仏法を信《う》けたまい、神道《かみのみち》を尊びたもう）」とある。
※『日本書紀』より（国立国会図書館デジタルコレクション）

ならばなぜ、女性が尊重されたのだろう……。ここに、神道の本質が隠されているように思えてならない。

そこでいよいよ、神道とは何か、その説明を（おそまきながら）していこう。日本人が知っておかなければならないことなのに、絶対に学校では教えてくれなかったことだ。だいたい、学校の先生に質問しても、「神道の真髄《しんずい》」など、答えてくれる人はいないだろう。

なぜ、これまで「神道」の根本的原理は教えてこられなかったのか……。おそらくそれは、「神道」のイメージが、戦前の軍国主義と重なって見えるからだろう。しかし、明治維新の掲げた「天皇制」は、一神教的発想から創作された新たな信仰形態であって、神道や天皇は、恣意的《しいてき》に伝統とはまったくちがうものにすり替えられてしまっている。

近代日本は、西欧の帝国主義の真似事《まねごと》をするために、天皇を「唯一絶対の強い神」に仕立て上げたのだ。西欧列強が植民地を所有する正当性は、「野蛮人をキリスト教の高みに引き上げる義務があるから」であった。じつに傲慢《ごうまん》な発想だが、これを維新政府は、天皇に当てはめ、真似したのである。

表裏一体だった「神」と「鬼」

神道を理解するためには、「鬼」の本質を知るのが手っ取り早い。

「鬼」と書いて「モノ」と読む。宮崎駿《はやお》作品の『もののけ姫』の「物の怪《け》」は、「鬼の怪《もの》」のことだ。「物思い」「物心」「物悲しい」など、「もの」のつく言葉には、われわれの知らない、深い意味が隠されているのだ。

「モノ」なのに「オニ」と読み始めたのは、平安時代に入ってからのことだ。なぜ「鬼」が「モノ」なのかと言えば、「精霊」や「鬼」は万物（モノ）に宿ると信じられていたから、「モノ（物）」を鬼と呼ぶようになったのだ。

「あれ？　物に鬼が宿るって、それは、神と同じではないか」

と、気付いた方、大正解。

日本人にとって、神と鬼は、表裏一体。表と裏の関係に過ぎなかったのだ。すなわち、鬼と神は、同じなのだ。神は人々に恵みをもたらすありがたい存在だが、ひとたび怒らせると、人智のおよばない恐ろしい天変地異をもたらすのだ。だから、神は、神であるとともに鬼なのである。

一神教世界から見れば、「神と悪魔（鬼）が同じなんて、信じられない」ということになるだろう。ここに、多神教の本質が隠されていたのである。

正確に言えば、神は神である以前に、鬼であった。神は恐ろしい大自然と考えれば、すぐに理解できる。人智のおよばない自然の叡智《えいち》を、日本人は「神」「鬼」と呼び習わしてきたのだ。

原則的に、神は怒り、祟《たた》りと災害をもたらす。だから、神を鎮《しず》め、穏やかになってもらい、豊穣《ほうじょう》をもたらすありがたい存在に変身していただく必要があった。また、祟る力が大きければ大きいほど、豊穣と安寧《あんねい》をもたらす力も強いと信じられたのだ。だから、大きな恐怖をもたらす神ほど、丁重に祀られた。これが、神道の本質であり、神祭りとは、鬼を神にすり替える作業でもあった。

「天皇は神だから永続した」

という話は、「天皇は大自然そのもの」「天皇は自然界、森羅万象《しんらばんしょう》を象徴している」と考えれば、なぜ日本人が天皇を恐れ、守ろうとするのか、その意味がおわかりいただけるだろう。

神と人間の関係がよく分かる話が、『日本書紀』に記されている。

実在の初代王と目される第十代崇神《すじん》天皇の時代、疫病《えきびょう》が蔓延《まんえん》し、人口は半減してしまった。人びとは流浪し、不穏な空気が流れた。崇神天皇は占いをしてみると、三輪山に祀られる出雲神・大物主神の仕業と分かった。託宣《たくせん》に従い、大物主神の子の大田田根子《おおたたねこ》を探しだし、大物主神を祀らせると、世は平静を取り戻した……。

このように、恐ろしく祟る神だからこそ、人びとは神を敬い、恐れ、丁重に祀りあげるのだ。

どうすれば恐ろしい神々を鎮めることができるのか

そこで問題となってくるのが、どうやれば、神を鎮めることができるのかである。原則は、「女性をあてがう」ことだったようだ。

出雲神話の中で、天上界（高天原《たかまのはら》）を追放されたスサノヲ（素戔嗚尊《すさのおのみこと》）は、出雲の簸《ひ》の川（斐伊川《ひいがわ》）の上流に舞い下り、ここで老夫婦に出くわす。童女を間に置いて、泣いている。事情を尋ねれば、八人いた娘は、毎年やってくる八岐大蛇《やまたのおろち》に食べられてしまい、この童女が最後の一人だという。そこでスサノヲは、八岐大蛇退治をし、童女（奇稲田姫《くしなだひめ》）を娶《めと》ったのだった。

ここでは、童女を恐ろしい八岐大蛇に「人身御供《ひとみごくう》」として差し出す様子が描かれている。これは、原始の信仰形態であり、やがて、女性を殺さず、神の妻に差し出すという形が定着したのだろう。これが、巫女であった。巫女は神と性的関係を結び、神の怒りを鎮めた。そして、神から得たパワーを、ミウチの者に「放射」した。これが、神祭りの原理原則となり、国家統治にも利用されたのだ。いわゆる「ヒメヒコ制」である。

邪馬台国《やまたいこく》の卑弥呼《ひみこ》の例を出せば、理解いただけるだろう。「魏志倭人伝《ぎしわじんでん》」には、次のようにある。

卑弥呼は鬼道《きどう》に仕《つか》え、民をよく惑わした。高齢だが、夫はなく、男弟がいる。姉を助け、国を治めた。卑弥呼が王に立ってから朝見《ちょうけん》する人は少なく、婢《めやつこ》千人を侍《はべ》らせた。ただし、ひとりの男子が飲食を供し、言葉を伝える役割を担《にな》って、居館に出入りした。

卑弥呼は神に仕え、神の言葉をひとりの男に伝え、神の力を弟に授け、国を統治したのだ。夫がいなかったのは、神の妻だったからであろう。

神武東征《じんむとうせい》説話の中にも、「ヒメヒコ制」の痕跡が残される。神武天皇のヤマト入りに、多くの首長たちが抵抗したが、その首長たちは「兄猾《えうかし》、弟猾《おとうかし》」「兄磯城《えしき》、弟《おと》磯城《しき》」というように、兄弟で一組になり、「兄は神武に逆らい、弟は恭順する」という行動をとっている。これも、「兄は王、弟（妹）は巫女」であり、祭祀を司《つかさど》る巫女は神武に協力的だったという話だ。つまり、「神は神武のヤマト入りを支持していた」ことを意味している。巫女（弟）は、神託どおりに、神武に恭順したのだ。

聖徳太子《しょうとくたいし》の時代にも、ヒメヒコ制の名残《なごり》があった。『隋書倭国伝《ずいしょわこくでん》』の記事だ。隋の開皇《かいこう》二十年（六〇〇）、倭王《わおう》は使いを隋に遣《つか》わし、隋の皇帝・文帝《ぶんてい》は役人に命じて倭国の風俗を尋ねさせた。すると、次のように答えた。

倭王は天を兄となし、日を弟としている。夜が明ける前に兄は政務を行ない、その間あぐらをかいて座っている。夜が明ければ、弟に委《ゆだ》ねようという。

これを聞いた文帝は、「此れ大いに義理無し（なんと馬鹿げたことを）」と言い、諭《さと》して改めさせたというのだ。

ここにある「兄と弟」は、実際には「姉と弟」を指していて、まさに「ヒメヒコ制」そのものだ。

古代は女性の地位が高かったと指摘されることが多いが、それは、巫女が神とつながっていたからなのである。

童子が鬼だった理由

日本の信仰形態で、もうひとつ知っておいていただきたいのが、「童子《どうじ》」の活躍だ。

昔話の鬼退治には、必ず「童子」が現れる。桃太郎、一寸法師《いっすんぼうし》を知らぬ者はいないだろう。どちらも、小さな子供（童子）が主人公で、オトナが束《たば》になってもかなわない鬼どもを、やっつけてしまう。

なぜ童子が鬼を倒せるのだろう。それは、子供用に話を作ったからなのだろうか……。そうではない。古来、童子は、鬼と同等の力を発揮するものと考えられていたのだ。現代人の感覚では、理解しにくいが、ここが分からないと、古代史の謎も解《と》くことはできない。

さて、なぜ日の丸は赤いのだろう。日本の子供たちに、絵を描かせると太陽を赤く描くが、世界的には珍しいことだ。

答えは、日本人の太陽信仰と密接に関わっているのだろう。古い神社でニワトリを飼っているのは、太陽を呼び起こす霊鳥だからで、日本人は太陽を崇めるといっても、朝日と夕日を重視したのだ。日の出、日の入りの太陽こそ、もっとも輝いているのだから、当然のことだ。

日の出と日の入りが美しいのは、「境界線上」にあるからと、古代人は考えたはずだ。奇跡が起きるのは、境界線という発想があった。朝日と夕日は昼と夜の境界線で、生と死という奇跡的な出来事は、この世とあの世の境界線上で起きる。

そこで、人生に置き換えて、「境界線上に近いのはどのような人か」を考えてみると、老人（翁《おきな》）と幼児（童子）ということになる。

翁は人間離れした長寿を獲得した人で、また、あの世にもっとも近い人だ。これに対し童子は、あの世から生まれ出た人で、しかも驚異的な成長をする。「神」に和魂《にぎみたま》と荒魂《あらみたま》があるように、「翁」は「穏やかな存在」で童子は「荒々しい存在」とみなされた。豊穣をもたらすありがたい神と「翁」、祟りや災厄《さいやく》をもたらす恐ろしい神（鬼）が「童子」という図式が出来上がる。

「童子は鬼と同等の力を持つ」といった意味が、これではっきりするはずだ。この理屈が分かってくると、古代史解明の大きなヒントを得たことになるのである。ゆめゆめお忘れなく。

神道の胡散臭さに気付いたらしめたもの

伊勢神宮《いせじんぐう》や神道は本当に「日本的」なのか

神を祀るのが巫女であり、神と巫女は性的な関係でつながっていることが分かったら、今度は、伊勢神宮の謎に突き当たる。

日本人の多くは、「神道でもっとも高貴な、もっとも尊重されてきた神社は、伊勢神宮（内宮《ないくう》）」と考えるだろう。世界中の人びとも、伊勢神宮に参拝して、「日本人の信仰の真髄を見た」と、感動するようだ。

大自然に囲まれ、単純な構造の社殿が太古の息吹《いぶき》を今に伝えている、ということになろうか。建築様式も、唯一神明造《ゆいいつしんめいづくり》で、日本の美の極致とさえ言われている。

しかも、祀られているのは、『日本書紀』や『古事記《こじき》』で大活躍し、天皇家がもっとも大切に祀る太陽神・天照大神《あまてらすおおみかみ》なのだから、なおさらのことだ。伊勢神宮は、押しも押されぬ、日本でもっとも格式の高い神社なのである。

しかし、ここに、大きな見落としがある。

まず第一に、伊勢神宮は、想像以上に新しい。今日のような形に整備されたのは、天武《てんむ》・持統朝《じとうちょう》（天武天皇と持統天皇は、夫婦）の頃と考えられている。七世紀後半のことだ。

さらに、伊勢神宮が日本的かというと、じつに心許《こころもと》ない。

たとえば、社殿は日本的と言うが、すでに触れたように、もともと神社に建造物はなかった。ちょうど伊勢神宮が整備された頃、仏教寺院の伽藍に影響を受けて、立派な建造物が建てられるようになったのだ。だから、「神社に社殿」は、本来の神道の発想にはなかったものだ。

伊勢神宮の祭祀と大嘗祭《だいじょうさい》はよく似ているとされているが、どちらにも中国の「陰陽五行《いんようごぎょう》」の思想が練り込まれている。どちらもけっして、純粋な日本的な信仰だけで成り立っているわけではない。伊勢神宮に祀られるのは太陽神だが、密《ひそ》かに陰陽思想が大切にする「北極星」を重視している事実を見逃すことはできない。

天武・持統朝の天武天皇は、「遁甲《とんこう》を得意としていた」し、持統天皇は盛んに吉野《よしの》に行幸《ぎょうこう》したが、それは「神仙境《しんせんきょう》」を意識していたからで、二人とも中国の「道教《どうきょう》」に熱中していたようなのだ。伊勢神宮が彼らの時代に整えられたのだから、はたして、伊勢神宮が、純粋な日本の信仰なのかというと、じつに怪《あや》しくなってくる。

こののち神祇《じんぎ》祭祀は、中臣氏《なかとみし》によって牛耳《ぎゅうじ》られていくのだが、中臣氏とともに古くから祭祀に関わっていた斎部氏《いんべし》は、蹴落《けお》とされていく。九世紀に斎部広成《ひろなり》は、『古語拾遺《こごしゅうい》』の中で、「中臣氏が神祇官《じんぎかん》を支配し、神祇祭祀は様変わりしてしまった」と嘆いている。

このようなことを言ってしまうと、伊勢神宮の関係者や「伊勢神宮大好き人間」たちから、批判されるのだが、しかし、おかしいものはおかしいのであって、神道の本当の姿を知るために、伊勢神宮と天照大神の正体を、明かしておく必要がある。

神道は本当に日本人の信仰なのかを確認しておかなくては、日本人や天皇の正体を知ることはできない。

天照大神は女神か？

『日本書紀』は伊勢の天照大神を「太陽神で女神」と言っているが、最初この神は、「大日孁貴《おおひるめのむち》」の名で『日本書紀』神話に登場していた（是《こ》に共に日神《ひのかみ》を生みたまふ。大日孁貴と号《まを》す）。大日孁を分解すると、「大日巫女《おおひみこ》」となり、太陽神を祀る巫女の意味となる。このあと、大日孁貴は、天照大神の名に変わる。一般的に、祀る巫女が祀られる神に昇華したのだと説明されるが、太陽は「陽」で、本来男性がふさわしい。伊勢内宮の神も、本当は男性なのではあるまいか。

伊勢の天照大神は、最初単独で祀られていた。ところが、「独り身で寂しいから」と、丹波《たんば》の豊受大神《とようけのおおかみ》（女神）を呼び寄せ、御饌《みけ》（食事）を作らせるようになった。豊受大神は現在、外宮《げくう》の祭神となっている。

「独り身で寂しい」という発言を忖度《そんたく》すれば、ただ単に「食事を作ってほしい」のではなく、性的関係を求めたのではなかったか。

歴代天皇は、娘や姉、妹、オバを斎王《いつきのひめみこ》に立て、伊勢斎宮《さいくう》に派遣し、伊勢の神を

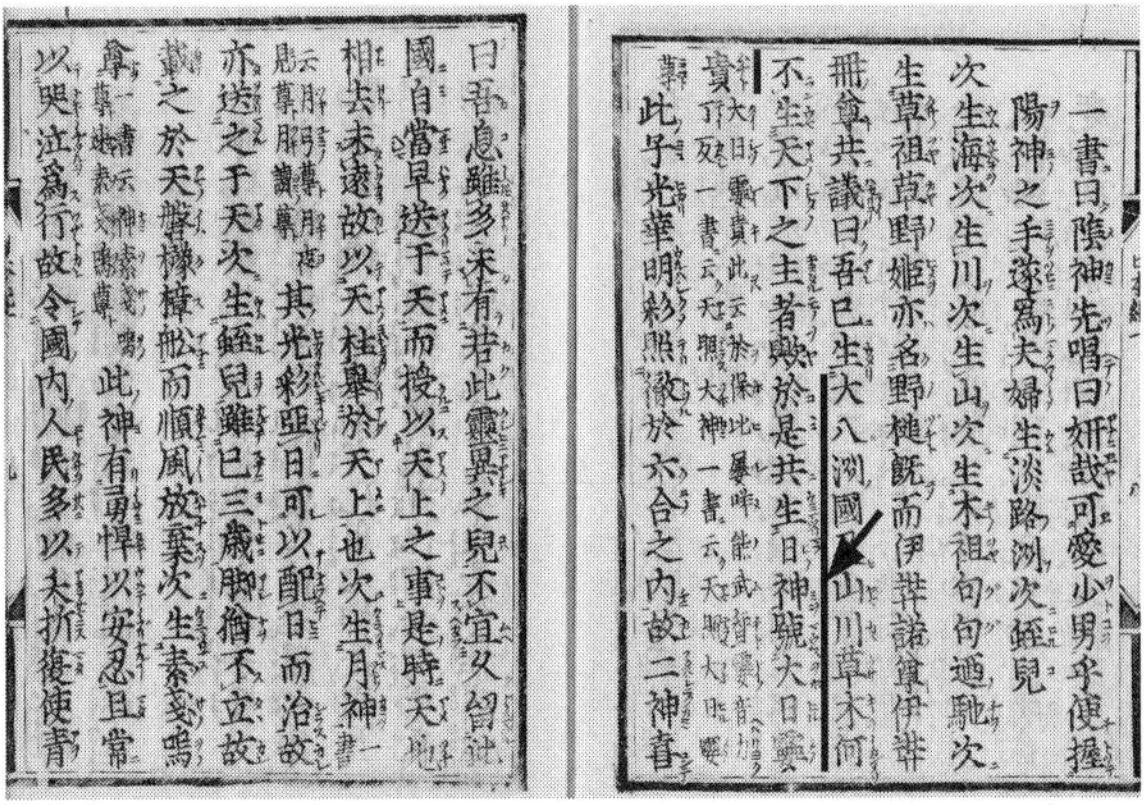

一書曰陰神先唱曰妍哉可愛少男乎便握
陽神之手遂為夫婦生淡路洲次蛭兒
次生海次生川次生山次生木祖句句廼馳次
生草祖草野姫亦名野槌既而伊弉諾尊伊弉
冊尊共議曰吾已生大八洲國及山川草木何
不生天下之主者歟於是共生日神號大日孁
貴
此子光華明彩照徹於六合之内故二神喜

曰吾息雖多未有若此靈異之兒不宜久留此
國自當早送于天而授以天上之事是時天地
相去未遠故以天柱舉於天上也次生月神
其光彩亞日可以配日而治故
亦送之于天次生蛭兒雖已三歳脚猶不立故
載之於天磐櫲樟船而順風放棄次生素戔嗚
尊　此神有勇悍以安忍且常
以哭泣為行故令國内人民多以夭折復使青

『日本書記(巻第1)』で大日孁貴が登場する箇所。「一書《あるふみ》に天照大神とも、天照大日孁尊ともいう」(意訳)と但し書きがある。
※『日本書紀』より(国立国会図書館デジタルコレクション)

祀らせた。これは、先述した「ヒメヒコ制」の名残で、伊勢の神をミウチの巫女に祀らせ、そのパワーをもらい受けようという意味だろう。

巫女が神を祀る時、性的関係がともなう。斎王は、未婚の女性で、解任されたあとも、原則として結婚は許されない。神の妻になったからだろう。

斎王のもとには、夜な夜な伊勢の神が通い、朝目が覚めると、寝床には蛇のウロコが落ちていたと言い伝えられる。

大神《おおみわ》神社の周辺には、「三輪と伊勢の神は、一体分身」という教義が残され、謡曲にも取り入れられている。大神神社自身が言い出したことではなく、伊勢外宮が発信元だが、伊勢内宮の祭神が男性という認識は、ある時代まで「暗黙の了解」だったのではなかろうか。

祇園祭《ぎおんまつり》の山車《だし》に飾られる天照大神の人形のアゴに、ふさふさのヒゲが生えていることは有名で、高野山《こうやさん》の曼荼羅《まんだら》の天照大神も、やはり老翁だ。

伊勢神宮本殿床下に、謎めく木柱が屹立《きつりつ》していて、これこそ「伊勢の秘中の秘＝心《しん》の御柱《みはしら》」なのだが、これを祀ることができるのは、大物忌《おおものいみ》という童女だけだ。

心の御柱は、天照大神がこの地に祀られる以前の、伊勢の土着の神で、男神のシンボル（リンガ）ではないかとも疑われている。あるいは、伊勢祭祀の秘密が、この心の御柱の中に隠されているのかもしれない。つまり、伊勢の神は、男神ということである。

天皇は大嘗祭のクライマックスに、天《あま》の羽衣《はごろも》を着る。本来この衣は、天女《てんにょ》がまとうものだ。丹後《たんご》の伝承では、この天女は豊受大神として祀られたとある。つまり羽衣は豊受大神が着ていた服だ。天皇は天の羽衣を着た瞬間から、神聖な存在になっていくのだが、これは「女装しているのではないか」と疑われている。すなわち、擬制的に神と性的に結ばれるのではないか、というのだ。

するとやはり、天皇家がもっとも大切にしていた天照大神は、女神ではなく男神であり、天皇家はそれをひた隠しにしていたことになる。

『日本書紀』が天照大神を女神にした？

伊勢神宮の神、天皇家の最高神は本来男性であったのに女性にすり替えられてしまった。

ならば、いつ頃、何を目的に、伊勢の神は女神になったのだろう。

西暦七二〇年に編纂《へんさん》された『日本書紀』は、大日孁貴（大日巫女）であったものを女神の太陽神・天照大神にすり替えている。だから、それより早く、「天照大神を女神にしよう」と、誰かが目論《もくろ》んでいたはずだ。

『日本書紀』が編纂される約三十年ほど前に作られた怪しい歌が、『万葉集《まんようしゅう》』に残されている。天照大神のジェンダー（社会的な性別）を考える上で、重要だ。それが、巻二―一六七の次の一首だ。題詞《だいし》は「日並 皇子尊《ひなみしのみこのみこと》の殯 宮《あらきのみや》の時、柿本朝臣《かきのもとのあそん》人麿《ひとまろ》の作る歌一首　幷《ならび》に短歌」とある。長い歌だが、大切なところなので、前半を書き出してみよう。

天地《あめつち》の　初《はじめ》の時　ひさかたの　天《あま》の河原《かはら》に　八百万《やほよろづ》　千万神《ちよろづかみ》の　神集《かむつど》ひ　集《つど》ひ座《いま》して　神分《はか》り　分りし時に　天照らす　日女《ひるめ》の尊《みこと》　天をば　知らしめすと　葦原《あしはら》の　瑞穂《みずほ》の国を　天地の　寄り合ひの極《きはみ》　知らしめす　神の命《みこと》と　天雲《あまくも》の　八重《やへ》かき別きて　神下《かむくだ》し　座《いま》せまつりし　高照らす　日の皇子《みこ》は　飛鳥《とぶとり》の　浄《きよみ》の宮に　神ながら　太敷《ふとし》きまして　天皇《すめろき》の　敷きます国と　天の原　石門《いはと》を開き　神《かむ》あがりあがり座《いま》しぬ（後略）

意味は、おおよそ、次のようになる。

天の河原に神々が集まり、相談し、「天照らす日女の命」が天の原（天上界）を支配するとて、葦原中国《あしはらなかつくに》（日本）を天と地と寄り合う果てまでも、神の御子として八重雲をかき分けて神が下らせた、高照らす日の御子の末裔《まつえい》である天武天皇は、清御原《きよみはら》（浄御原）に宮を建て、この国は天皇が治める国であるとして、岩戸を開き、天にのぼり、お隠れになった（崩御《ほうぎょ》した）。

ここまでが、歌の前半だ。さらに次のように続く。意訳しておく。

天武天皇が亡くなられたので、わが王《おおきみ》皇子《みこ》の尊《みこと》（天武と持統の間に生まれた草《くさ》壁《かべの》皇子《みこ》）が天下を治めれば、春の花のように栄えたであろうと、満月のように欠けることはないだろうと、天下の多くの人が、大船に乗ったつもりで仰ぎ待っていたのに、亡くなられてしまった。だから皇子の宮人《みやびと》たちは、途方に暮れてしまっている……。

草壁皇子は皇太子だったが、即位することなく亡くなった。持統三年（六八九）四月のことだ。

このあと、天武の皇子が数多《あまた》残っていたにもかかわらず、鸕野讃良皇女《うののさらのひめみこ》が玉座《ぎょくざ》をかすめ取り、即位した。これが持統天皇だ。孫の軽皇子《かるのみこ》の即位を実現するには、そうするほか手はなかったのだろう。しかし、壬申《じんしん》の乱で、「天智《てんぢ》系 vs 天武」は激突し、天武天皇が勝利したのだから、天武崩御後天智の娘が即位する大義名分は、乏《とぼ》しかったはずなのだ。

『扶桑略記《ふそうりやっき》』は、この時持統天皇が、藤原不比等《ふじわらのふひと》の私邸を宮にしていたと記録する。これは、多くの皇族や貴族たちが、持統の即位を支持していなかったことを暗示している。

草壁皇子が亡くなり、持統が玉座を狙い始めたその時、天照大神が、「天照らす日女の命」と呼ばれていた事実は、無視できない。持統は藁《わら》をも摑む思いで、「女帝誕生の正当性」を掲げようとしたのではなかったか。

女神・天照大神は、持統天皇即位の正当性だけではなく、もうひとつ大きな意味を持っている。

神話の中で、天照大神は当初子供の天忍穂耳尊《あまのおしほみみのみこと》を葦原中国の支配者にしようと考えたが、天忍穂耳尊と高皇産霊尊《たかみむすひのみこと》の娘の間に天津彦彦火瓊瓊杵尊《あまつひこひこほのににぎのみこと》が生まれたため、急遽この孫を地上に送り込んだ。ここに登場する高皇産霊尊のモデルこそ、藤原不比等ではないかとする説がある。すなわち、天照大神を持統、天忍穂耳尊を草壁皇子、天津彦彦火瓊瓊杵尊を軽皇子（文武《もんむ》天皇）や首皇子《おびとのみこ》（聖武《しょうむ》天皇）に当てはめれば、七世紀後半の王家の系譜と、うまく重なってきてしまうのだ。

そして一番大きな問題は、神話の中で、王家が天照大神と高皇産霊尊の力で始まったこと、しかもこの神話は、持統と藤原不比等のコンビの活躍をなぞっていること、すなわち、「持統＝女帝から始まる王家」の正統性を述べていることになる。持統から始まる王家は、天武天皇の王家ではない。天智系の女王から始まる王家こそ、持統と藤原不比等が目論んだ、新政権の意味づけであろう。

持統天皇の崩御の直後に贈られた和風諡号《しごう》は、「大倭《おおやまと》根《ね》子《こ》天之《あめの》広野《ひろの》日女尊《ひめのみこと》」だったが、『日本書紀』編纂時には「高天原《たかまのはら》広《ひろ》野《の》姫天皇《ひめのすめらみこと》」と、天照大神のイメージに変身している。つまり、天武天皇崩御から『日本書紀』編纂までの時期に、「女神・天照大神」が誕生していた意味は、決して小さくない。

神社を中心に展開していく日本の文化

見直される多神教

神社は今、パワースポットとして、注目されている。若い人も大勢参拝するようになった。実際に御利益《ごりやく》が得られるかどうかは、ご自分で試してみるほかはない。

「神社で御利益なんて、バカバカしい。迷信に決まっているだろ」と、合理的に考える人間もいるし、一神教世界から見れば、確かに多神教世界は迷信に満ちていて、野蛮に思えるのだろう。

しかし、意外にも、神道はこれから見直されていくような気がしてならない。

キリスト教などの一神教は、多神教から脱皮し進歩したのだと考えられてきた。

しかし、「唯一絶対の神がすべてを創造した」「神の子である人間が、地球を改造し、支配することができる」という驕《おご》った思想を内包しているのも事実である。

一神教は砂漠で生まれた。砂漠の民は星を羅針盤《らしんばん》代わりに位置を確かめ移動し、夜空を眺めていて観念的な思想に目覚めたのだと言われてきた。

しかし、一神教は恐ろしい宗教だ。呪《のろ》い、復讐をする。『旧約聖書《きゅうやくせいしょ》』を読めば、よく分かる。それはなぜかと言えば、「砂漠の民は豊穣の大地を追われた者たちだった」と考えれば、辻褄《つじつま》が合ってくる。誰が好きこのんで砂漠に暮らすだろう。彼らは敗者であり、追い出されたから、勝者を呪い、復讐するための正当性を唯一絶対の神（正義）に求めたのだろう。

これに対し多神教には、「偉大なる諦念《ていねん》」が隠されている。火山の噴火、襲いかかる台風、逃げることのできない地震……。自然災害に見舞われてきた日本人は、「大自然の猛威の前に、人間は抵抗する術《すべ》を持たない」と、あきらめている。その一方で、「せめて平穏な日常を」と願う。ささやかな願望を、神に委ねる。正義も悪もない。あるのは大自然であり、人間は、その一部でしかないか弱い存在なのである。

ニーチェ（一八四四〜一九〇〇）が「神は死んだ」と叫んだ頃から、キリスト教は次第に科学や哲学に変化し、人類は地球の支配者になった。共産主義も、キリスト教のなれの果てと言われている。

岸田秀は『二十世紀を精神分析する』（文春文庫）の中で、近代西欧人が「理性」と呼んだものは、キリスト教の絶対の神の後釜《あとがま》に過ぎないと喝破《かっぱ》し、違いは、理性が個人の内側にあり、神は外側にあることだと述べている。そして、全知全能の神が理性になりかわり、真理に到達できると信じることは、「誇大妄想の一形態」と切り捨てる。

じつに小気味よいではないか。まさに、その通りだ。

そして、西欧人の独りよがりが、世界を奈落の底に突き落とすこととなる。それが、帝国主義という詭弁《きべん》だ。

一神教を基盤とした西洋世界の人々（自称〝先進的人類〟）には、多神教世界の野蛮人を高みに引き上げる義務があるのだと考えられた。これが、帝国主義の大義名分となった。神の子の人間の理性を正義とみなし、人類は文明社会を築いてきた。しかし、このまま「進歩」を続けていては、いずれ行き詰まるだろう。人類滅亡の危機も、現実味を帯びてきたのである。

はたしてこれ以上、人類は、地球を壊しつづけてよいのか……。神の子と、威張り散らしている場合か……。多神教的発想が見直されるのは、当然のことであり、一神教の限界に、そろそろ気付くべきなのである。

巫女が零落《れいらく》して遊び女になった

不思議なことに、日本の街は、神社仏閣を中心に広がり、発展していく。官庁街の近くよりも、猥雑《わいざつ》な雰囲気の神社のまわりに、商店は寄り添っていくのだ。

その理由は、神社と商売の歴史に隠されているのかもしれない。

古い時代の「市《いち》」は、神社の境内に設けられた。金銭を直接やりとりするのではなく、神に金を奉献《ほうけん》し、その見返りに、商品を受け取るという形をとった。

神社のまわりに花街が形成されていったのにも、理由がある。神を祀る巫女が零落し、遊び女になったのだ。いきさつを説明していこう。

天皇のみならず、古代の首長（豪族、貴族）たちも、祖神を祀っていた。御先祖様といっても、祟る神（鬼）であることには変わりない。氏上《うじのかみ》（一族を束ねる者）

は、血のつながった女性を巫女にして、氏神《うじがみ》（祖神）を祀らせた。そして一族の男性は巫女たちの放射する力に守られた。しかし、男性の世俗的権力が強くなると、今度は相対的に、巫女の力が弱まった。また、系譜上、男性たちが直接祖神とつながるようになって、男性たちがくり返し祖神を祀ることにより、巫女を必要としなくなったのだ。

神社に行けば、男性の神職が管理職で、巫女さんたちはアルバイト、という光景を見かける。かつて神祀りの中心には女性が立っていたのに、いつの間にか、立場は逆転してしまったのである。

神社のまわりに花街が栄えていったのは、巫女が零落したからだ。ちなみに、京都を代表する花街・祇園は、祇園社（八坂《やさか》神社）の門前町《もんぜんまち》に発展している。

もともと巫女は神と性的な関係を結んでいたが、その原理が忘れ去られ、鼻の下を伸ばした参拝客が神のおこぼれを頂戴するようになったのだ。

もともと日本人は、性におおらかな民族であった。性行為は、豊穣をもたらす呪《じゅ》術《じゅつ》と結びついていたのだ。たとえば飛鳥《あすか》の飛鳥坐《あすかにいます》神社では、毎年二月に、奇祭「おんだ祭」が執《と》り行われる。天狗《てんぐ》とお多福《たふく》の面をかぶった二人が、神前で結婚式を挙げ、「夫婦和合の儀式」を執り行う。

京都の伏見稲荷大社《ふしみいなりたいしゃ》のキツネの尻尾は、男根のシンボルとみなされていたようだ。十六世紀後期頃から伏見稲荷大社で売られていた土細工（伏見人形）には性器を表現したものがあって、参詣客は帰り道にわざとぶつけ合って壊して遊んだらしい（じつにたわいない……）。また、稲荷山の土には霊的な力があると信じられ、お土産で買った稲荷の土細工や土人形は、全国に持ち帰られ、壊れたら田畑に播《ま》いて五穀豊穣を祈願したという（大森惠子『稲荷信仰と宗教民俗』岩田書院）。

あ、そうそう。それから、「大黒様」の人形、後ろから見たらびっくりするので、お楽しみに。骨董屋か、神社に祀られる大黒様です。

「税」は神を介して集められた

神社と日本人は、切っても切れない関係にある。商売人が神社を利用し、門前町に花街ができたというだけの話ではない。「税」も、神社や神なしには取り立てることができなかったのである。

そもそも「税」は、神へのお賽銭《さいせん》のようなものだった。それを天皇（大王《おおきみ》）が集めるのだ（集めるという言い方は適切ではないかもしれない。民が神祀りをする天皇に奉献、献上する）。

百姓は稲を刈り取り、その収穫の中の一部を、朝廷《ちょうてい》に差し出す。天皇がその稲を神に捧げ、神の霊力を翌年田に植える種籾《たねもみ》に付着させ百姓に配られた。その種籾は、神の力を得て、豊穣が約束されたものでもある。そして残りの稲は、天皇（国家）に蓄えられる。これが、神を介した税の仕組みだ。

通行税も、神を仲介役にする。話は少し、ややこしい。

瀬戸内海を代表する神社に、大山祇神社《おおやまづみ》（愛媛県今治市《いまばり》大三島町《おおみしま》）がある。大山祇神は「山の神」の意味だが、海の民の信仰を集めていた。今でこそ、しまなみ海道が本州と四国を結び、大三島も交通の便が良くなったが、昔は瀬戸内海に舟を漕《こ》ぎ出さねば、辿《たど》り着くことはできなかった。

瀬戸内海を牛耳っていたのは水軍で、彼らは海賊行為も働いた。海上を行き交う船から、金を巻き上げていたのだ。

もっとも、彼らは「悪いことをしている」とは、これっぽっちも思っていなかっただろう。大義名分があったからだ。

大山祇神社に挨拶もせずお賽銭も払わずに通行しようという不届きな船がいれば、海賊どもは金を要求したのだ。「大山祇神にお賽銭を」ということだ。

それで素直に金を差し出せば、旗まで渡して、「この船は、われわれが守ります」と、保証した。けれども、もし無視しようものなら、「神に代わってお仕置き」をするわけである。

じつは、山賊も、よく似たカラクリを使っている。

山賊たちは道の要衝《ようしょう》に関（私設）を造り、通行する者たちに、「神にお賽銭を」と持ちかけたのだ。金を差し出せば道中の安全を約束し、無視するのなら、神の怒りを代弁するわけである。

このように、日本人は神を敬い恐れる一方で、大いに利用したのだ。なんとも、抜け目のない人たちである。

日本人の信仰や歴史を知るためにお薦《すす》めしたい神社二選

筆者は十代の半《なか》ばに仏像に目覚め、仏像目当てに京都や奈良を巡《めぐ》っていたが、時間の経過とともに、仏寺だけではなく、神社に惹《ひ》かれるようになっていった。神社が好きになると、次には、その土地の歴史や風土、民俗に興味を覚えるようになる。そして、いつの間にかこの仕事をするようになったのだが、日本人の信仰や歴史を知るために、ぜひここだけは訪ねていただきたいという神社を、ご紹介しよう。

まず、寺院で言うと、法隆寺《ほうりゅうじ》と東大寺《とうだいじ》が、日本の寺院の双璧《そうへき》なのだが（仏教美術の頂点に立つ、という意味で）、ならば、神社の筆頭はどこかと言えば、何と言っても石上神宮《いそのかみ》（奈良県天理市）であり、次に檜原《ひばら》神社（奈良県桜井市）だろう。伊勢神宮や出雲大社《いずもたいしゃ》を差しおいて、この二つの神社を挙げたのは、それなりに理由があってのことだ。

石上神宮と言えば、七支刀《しちしとう》が有名で、この神社は朝廷の武器庫と考えられてい

日本人ならば一度は参拝しておきたい石上神宮

た。とてつもない数の武器やお宝を所持していたからだ。おそらく、「朝廷のもの」だけではなく、物部氏《もののべし》の私財であろう。物部氏は古代最大の豪族で、ヤマト政権の屋台骨となる一族だった。極論すれば、「ヤマトそのものも、物部のもの」と言ってよいと思う。日本列島の至る地域に根を張る、大地主だった。

石上神宮を選んだ理由は、物部氏に感謝しなければバチが当たるからだ。何を言わんとしているのか、次章で詳しく触れるが、物部氏は自ら犠牲になって、日本の基礎を築いてくれたのだ。法隆寺の玉虫厨子《たまむしのずし》の捨身飼虎図《しゃしんしこず》は、物部氏の功績を称《たた》えたものではないかと、密かに勘ぐっている

(史学界には無視されているが、物部氏と蘇我氏の本当の関係を知れば、納得してもらえるだろう。後に説明する)。

物部氏は、「日本の未来のために」と、歯を食いしばり、私欲を棄《す》て、財を投げ出してくれたのだ。律令《りつりょう》制度が完成したのは、物部氏の犠牲ゆえであった。それが記録されていないのは、歴史の勝者が、手柄をすべて横取りしてしまったからだ。具体的には、藤原氏のことを言っている。

石上神宮は、一度は訪ねていただきたい。空気が違う。

次に注目したいのは、檜原神社だ。ここは元伊勢《もといせ》と呼ばれている。なぜ元伊勢かと言えば、宮中に祀られていた天照大神が、追い出され、さまよい始めて最初に、この地に落ち着いたからだ。

「天照大神が宮中から追い出されたとは、どういうことだ」

と、疑問に思われるだろう。第十代崇神天皇の時代、天照大神と倭大国魂《やまとのおおくにたま》の二柱の神は、天皇の大殿《みあらか》の内で祀られていた。ところが神の威を恐れ、ともに住んでいられなくなった。そこでそれぞれの神を巫女に託し、天照大神は倭の笠縫邑《かさぬいのむら》に神籬《ひもろき》(神の宿る森)を建て、祀らせた。そしてのちに、天照大神は東に移動し、伊勢に祀られるようになったのだ。この、天照大神が最初に祀られた場所が、檜原神社と考えられている。

檜原神社の特徴は、「何もない」ことなのだ。禁足地《きんそくち》が守られ、本殿がない。これが、神社の原型なのだ。しかも、どの神社よりも、神聖な空気に包まれている。

禅問答のようなことを言うが、「何もないすがすがしさ」を、この神社に来れば、理解できるだろう。

日本の古代は未開だったという思い込み

二度過去を恥じた日本人

古代史は、日本の歴史の根幹であり、古代史が分からなければ、中世史や近世史を語ることはできない。しかし、古代史は謎だらけなのだ。歴史の教科書を読めば一目瞭然で、聖徳太子が登場する頃までの記事は、ほぼ考古学的な無味乾燥な記述で終わっている。歴史らしい歴史、人の息づかいを感じられるような物語が、まったく解明されていないのである。

日本史の根っこに位置する古代史がうやむやだから、「天皇とは何か」が、いまだに明らかにされていない。これは、民族にとって不幸なことだ。

では、古代史は、謎を残したままでよいのだろうか。少なくとも、これだけは言えるのではあるまいか……。古代史を解くコツは、「日本と日本人を好きになること」にほかならない。戦後の歴史研究は（信じがたいことだが）、日本の過去を恥じ、否定しようとする傾向があった。「どうせ日本は」「日本の古代は、未開」という前提で、古代史の研究が進められていたように思えてならないのである。

日本のインテリは、近代の始まりと戦後の二回、「日本の過去」を恥じた。嘉永《かえい》六年（一八五三）の黒船来航《くろふねらいこう》は、安穏《あんのん》を享受《きょうじゅ》してきた日本人を、震撼《しんかん》させた。西欧文明は、圧倒的武力と行動力、そしてキリスト教の大義名分を掲げて、日本を圧倒したのである。

インテリたちは、日本の歴史、民俗、風習を唾棄《だき》すべきものと恥じ、「今、歴史は始まった」と言い始めたのだ。そしてここから、盲目的な西欧文明の受け入れが始まった。同時に、西欧の帝国主義の受け売りも進んだのである。

典型的な多神教的信仰に彩られていた日本人にとって、「天皇は神」と言っても、それは「大自然と同じ意味」でしかなかった。しかし明治政府は、天皇を「帝国主義の大義名分」に利用するために、「強い男神」のイメージに塗り替えていった。それは、キリスト教世界の唯一絶対の神を真似した結果である。

圧倒的な火力を備えた西欧の軍隊は、他の地域を圧倒し、蹂躙《じゅうりん》した。彼らは他民族を支配する大義名分として、「野蛮人をキリスト教の高みに引き上げる義務がある」と唱《とな》えた。かたや近代日本は、一神教的発想に感化されてしまい、西欧文明に追いつき追い越せをスローガンにした。

いわゆる「天皇制」とは、長い天皇の歴史の中でも、特殊な体制であった。天皇の姿を一変させたのである。

そして戦後の日本は、さらに輪をかけて、過去の日本を恥じたのだった。旧文部省が音頭《おんど》をとり、日本の迷信や習俗を徹底的に洗い出し、改善しようと運動を起こしてもいる。

このような状況の中で、歴史の見方も、「進歩的」になった。江上波夫が騎馬民族征服王朝説を唱え、戦前の皇国史観《こうこくしかん》に対する反動から、大いにもてはやされ、「天皇家は渡来《とらい》系で、朝鮮半島から海を渡り日本を征服した」という考えが、「暗黙の了解」となった。

その後、水野祐の三王朝交替説も登場し、「万世一系《ばんせいいっけい》の天皇家」という『日本書紀』の描いた歴史も、否定された。

縄文人《じょうもんじん》よりも縄文人らしい弥生人《やよいじん》？

日本の古代史は、大いに誤解されていたと思う。

中国や朝鮮半島よりも文化レベルが低く、つねに文物を与えられ、強い王が日本列島を縦断した……。これが、漠然とした古代日本のイメージではなかったか。

つくづくそう感じたのは、数年前に旧友からかけられた一言だ。それは、

「歴史を書くことに、何かタブーでもあるのか」

と言うのだ。何のことかと思いきや、

「天皇が朝鮮半島からやってきたことを、なぜ誰もおおっぴらに言い出さないのだ」

と言うのだ。

なるほど、妙に感心してしまった。古代史に詳しくない人ほど、「日本の王は渡来人」という江上波夫の描いた歴史像を、いまだに信じているらしいのだ。

ならば、どこから誤解を解いていけばいいだろう。

あらかじめお断りしておくが、「純粋な日本民族」など、どこにも存在しないことは、承知している。そもそも、人類はアフリカに生まれ、みな流れて日本列島に辿り着いたのであって、日本列島から湧き出るようにして生まれたのではない、ということだ。日本人の原型となった縄文人も、多様な人びとであったことが分かっている。「縄文人」とひとくくりにすることは、本来なすべきではないが、彼らは、一万年以上にわたって日本列島で繁栄し、日本の文化、習俗の基礎を築いたという事実だけは、確かなことなのだ。だから便宜上、「縄文人」と呼ぶことにする。

その縄文人でさえ、朝鮮半島や中国から渡来した人たちに駆逐されてしまったという印象がある。しかし、これは間違いだ。

北部九州で直接土を掘り返している考古学者の多くは、「弥生時代の始まりとともに渡来人の圧倒的な征服劇が起きていたことは、想定できない」と考えている。

理由もはっきりとしている。当初北部九州の沿岸地帯に、稲作技術を携《たずさ》えて渡ってきた人びとは、コロニーを形成し、周辺の先住民と共存していた。そののち、両者の交流は深まり、この一帯ではいち早く稲作文化が花開いていくが、そこでは、渡来系の文化だけではなく、縄文以来継承されてきた習俗も、色濃く残ったのである。

縄文時代と弥生時代を区分するのに、「土器の変遷」が目印になる。もちろん、誰もが知るように、縄文土器から弥生土器へと移り変わったのだ。ところが、境目がよく分からない。すなわち、弥生化された縄文土器なのか、縄文的な要素が残った弥生土器なのか、グレーゾーンが存在するのだ。

では、渡来系の遺伝子の割合が、縄文系を圧倒してしまったのではないかという指摘を、どう考えれば良いのだろう。

まず、稲作は渡来人が押しつけたのか、あるいは、西日本の縄文人が積極的に稲作を受け入れたのかに関しては、後者の考えが、次第に支持されるようになってきた。縄文人が主体性を持っていた、というのである。

たとえば金関恕《かなせきひろし》は『弥生文化の成立』（角川選書）の中で、おおよそ次のように指摘している。縄文（紋）後期には、陸稲《りくとう》が伝えられ、縄文人が栽培していたこと、水稲《すいとう》稲作が伝えられた頃、縄文人たちは盛んに朝鮮半島南部と交流を持ち、必要な文化要素を選択的に採用した。したがって、稲作は、縄文人が主体的に選択したのではないか、というのだ。

さらに、なぜ現代人の血は、渡来系の方が濃いのか、という疑問に関しても、新たな推理が提出されている。

中橋孝博は『日本人の起源』（講談社選書メチエ）の中で、コンピューターによるシミュレーションについて述べている。弥生人の渡来の数が少なくとも、その後縄文人社会に溶けこみ、同化し混血を深め、稲作を広めることによって人口爆発を起こした可能性を探ったのだ。結果、東側の狩猟生活をしている人々と比べ、圧倒的な人口の差を作り出してしまう、というのだ。

つまり中橋孝博は、「少数渡来↓高い人口増加率による人口比の逆転」という図式を描いて見せたのだ。

具体的には、渡来系住民が人口比一〇パーセントと仮定すると、一・三パーセントの人口増加率で、三百年後に渡来系の血が、全住民の八〇パーセントに達してしまうというのだ。

つまり、渡来系の人びとが縄文人社会に溶けこみ、二世、三世が生まれた頃になると、「縄文人（先住民）よりも縄文人らしい」と揶揄《やゆ》されるような、顔は渡来系だが日本的な感性を備えた人びとが、続々と誕生していったということになる。

また、最先端の遺伝子研究によって、日本列島に流れ込んだ人びとは隣接する東アジアとは異なる形の多様性を持っていたと指摘されるようになってきた。今後の研究が楽しみな分野である。

狩猟民文化を否定した『日本書紀』

われわれは、縄文人を侮《あなど》っていたように思う。定住せず、狩猟・採集で、細々と生計を立てていた原始人のイメージだ。『日本書紀』も、東の蝦夷《えみし》を蔑《さげす》んだ。たとえば、景行《けいこう》天皇（ヤマトタケルの父）の時代に、次のような報告があった。

東国《あづまのくに》に盤踞《ばんきょ》する人びとの性格は凶暴で、人を辱《はずかし》めることを平気でする（東夷《あずまのひな》は、識性暴強《しきせいこは》く、凌犯《りょうはん》を宗《むね》と為《な》す）。各々境界を侵《おか》しあっては物を盗む。山には邪神《あしきかみ》がいる。野には鬼がいて往来を塞《ふさ》いでいる。冬は穴に寝て、夏は木に棲《す》む。毛皮を着て動物の血を飲み、兄弟同士で疑いあう。恩を受けても忘れるが、恨みは必ず報《むく》いる。攻めれば草の中に隠れ、追えば山に逃げる……。

『日本書紀』は狩猟民の文化を、根底から否定している。これは、稲作民の一方的な言い分にほかならない。縄文一万年は、同時代の世界と比べても、食料事情は恵まれ、もっとも早い段階で土器を造り、芸術性に富んだ呪具《じゅぐ》を創作していったのである。

縄文晩期には、すでに中国の文献に「倭人」と記されていた可能性も指摘されている。縄文人は盛んに海に漕ぎ出していたが、日本列島で生まれた漆《うるし》の技術が、中国に伝わっていた疑いも出てきた。少なくとも、英語で「ジャパニーズ」と表現される「漆」の工芸は、中国よりも日本で先に完成していたようだ。

野村崇は、『海を渡った縄文人』（橋口尚武編著　小学館）の中で、次のように述べている。

従来、大陸文化の日本列島への影響を考える場合、大陸から日本列島への一方的な流れとしてとらえる考え方が一般的であった。しかし、（中略）片方だけが受容するのではなく、本邦からも持ち出されたものもある、ということである。考えて

対馬の南の玄関口、厳原《いづはら》地区。この付近に対馬国府が置かれたと推定される。
〔写真提供：武藤郁子〕

みれば、交流・交易の問題というのは、つねに、相互に利益があって成り立つものであり、受け入れたモノ、持ち出されたモノという視点から、あらためて考え直さなければならないであろう。

これは、史学者も忘れていた視点ではなかろうか。邪馬台国を記録した「魏志倭人伝」には、対馬《つしま》（長崎県対馬市）の民は島に農地がないため（山が海まで迫り、平坦な土地がない）、船を漕ぎ出し、「南北に市糴《してき》（交易）」していると記す。海を横切り、商売をしていた人たちが存在していたのだ。朝鮮半島が一方的に文物を日本に渡していたわけではない。物のやりとりがあったのだ。

次々と明らかになっている「予想外の事実」

中国と朝鮮半島では、早い段階で樹木を燃料に使い果たしていた。『三国志』の大混乱も、自然破壊の天罰と考えて差しつかえない。その点、湿潤な天候に恵まれた日本列島は、樹木に守られていたのだろう。朝鮮半島からもたらされた貴金属は、日本に物証として残り、朝鮮半島に日本から何がもたらされたのかは、はっきりと分からない。だから、いかにも、先進の文物ばかりが流入したかのような印象がある。

しかし、交換したあとに消えてなくなる何かが輸出されたことは、間違いあるまい。それが、木材や燃料（炭）だったかもしれず、あるいは、燃料を大量に使う「塩」だったかもしれない。

さらに、五世紀以降になると、北方の高句麗《こうくり》が盛んに南下してきて、朝鮮半島南部の国々は日本に救援を求め、七世紀以降になると、朝鮮半島の国々が日本でロビー活動をくり広げ、「われわれの味方についてくれ」と誘い続けたから、日本には「貢物《みつぎもの》」が送りこまれた。これは、自然の流れだった。背後の憂《うれ》いのない島国の特権である。

どうやら戦後の史学界は、色眼鏡《いろめがね》をかけて日本の歴史を眺めてきたような気がしてならない。

戦前のように、「神国《しんこく》日本」を掲げるのは大問題だが、日本を卑下《ひげ》し、すべての文物は中国や朝鮮半島から授かったと考え続けてきたように思えてならない。

縄文時代から弥生時代への移行期、ヤマト建国時の様相が、考古学的にはっきりと分かってくると、渡来人が日本列島を圧倒したわけでもなく、強大な王がヤマトを征服したわけでもなかったこともはっきりとしてきた。

これらは、かつての史学界の「推理」や、古代史ファンの常識からは大きく逸《そ》れて、「予想外の事実」であった。

だからわれわれは、固定観念に縛られず、胸を張って、日本人の歴史を取り戻す必要があると思う。

権威を疑ってかかる面白さ

日本人の信仰形態を日本人が知らない

優秀な学者が束になってかかっても解けない謎ならば、素人《しろうと》の自分たちには到底分かるはずがないと、思われるかもしれない。しかし、素人だからこそ気付いてしまう「意外な盲点」も、どこかに隠されているはずなのだ。

考古学者や史学者たちは、虫眼鏡を持って、重箱の隅を突《つつ》くような、涙ぐましい研究をしている（じつに頭の下がる思いだ）。だからこそ、歴史の詳細が分かってきたのだし、われわれはその恩恵を蒙《こうむ》っている。ところが、学問が蛸壺《たこつぼ》化した悪影響も出てきているように思えてならない。それは、歴史を俯瞰《ふかん》できないということだ。細かい作業は若い研究員が担当し、まるで鵜飼《うかい》の鵜匠《うじょう》のように、古代史の大御所がデータを集め、古代史を語っている。しかし、彼らは「権威」になってしまったがゆえに、過去の発想から抜け出せないでいる（と思う）。

史学界を批判するつもりは、さらさらない。言いたいことは、

「データが大量に揃《そろ》ってきたのだから、これまでの常識は覆《くつがえ》されるはずだし、意外に門外漢《もんがいかん》の方が、斬新なアイディアを出しやすい」

ということだ。だから、誰もが自由に発想すればよいのだ。そして一度「権威」を疑ってみることだ。

たとえば、日本人の信仰形態を、日本人自身がほとんど知らないでいる。

「われわれにはもはや、信心などない」

と、思い込んでいるのは日本人だけで、よそからやってきた人たちには、「日本人には固有の信仰がある」と見えるらしい。しかも、それは「いつまでたっても、変わることのないかたくななもの」に思えるらしい。

心当たりがないわけではない。人口に占めるクリスチャンの割合はわずかに一パーセントだ。伴天連《バテレン》のやつらが布教活動を怠《なま》けているわけではない。こんなにミッション系大学が林立していて、多くの学生が学んでいるのに、である。

この章の最初に述べたように、日本人は多神教世界にどっぷりつかっている。先進国で多神教を守り続けてきたのは、日本だけだ。四方を海に囲まれ、外敵から守られていたこと、森と山ばかりの国土に暮らす日本列島人は、唯一絶対の神を必要としなかったのだ。その代わり、大自然（神）の猛威に怯《おび》え、神（鬼）のような人物を王（天皇）に立てて、安寧を願い続けてきた。

そうなると、日本人がそう簡単にクリスチャンにならないのは、天皇が多神教的宇宙観を象徴していて、日本人の心の拠り所になっているからなのだろうか。

天皇が永続した理由を考えてみる

ただそうは言っても、「天皇」はヤマト建国以来今日に至るまで、「まったく同じ」だったわけではなく、時には俗人《ぞくじん》のように権力を握り、暴れ回ったのだ。ならばなぜ、「天皇」は今日まで生きのびたのか、という謎につながってくる。こんなこと、教科書には書いていないし、誰も教えてくれない。史学者たちも、明確な答えを出せずにいるのだ。

「天皇」って、何者？　この謎を、解けないままにしておいて良いのだろうか。権威にばかりすがっていたら、いつまでたっても明確な答えは出てこないのではあるまいか。特に、戦前・戦中の皇国史観に対する反発から戦後の史学界は出発したから、どこか議論が硬直しているように見えるのだ。

もちろん、史学界も、必死になって天皇の正体を解き明かそうとしているのかもしれない。

たとえば中世史の網野善彦は、天皇が永続した理由を、民俗学的な手法で解き明かそうとした。すなわち、定住せず漂泊《ひょうはく》する非農耕民や、社会の底辺の人びとが天皇を支えたのではないかと考えたのだ（『無縁・公界・楽』平凡社ライブラリー）。

なぜ、最下層の人びとが、国のトップに立っている天皇を支える必要があったのだろう。その理由は、やや複雑だ。

大宝律令《たいほうりつりょう》（七〇一）の完成によって、日本は律令体制に突入した。成文法《せいぶんほう》によって国を治め、また土地と民は国家のものという、共産主義のようなシステムだった。戸籍を作り、民に公平に土地を分配し、そこから税を徴収し、労役や兵役を課した。だから、百姓は土地に定着するのが原則で、彼らは「良民《りょうみん》」と呼ばれた。

逆に、農地を手放し放浪する者は国家にとって厄介な存在だった。奈良時代にはすでに、朝廷の許可を得ずに勝手に僧になってしまう者があとを絶たなかった。これを「優婆塞《うばそく》」という。平城京《へいじょうきょう》の東の山で数千人が徒党を組み、多いときで一万人の人びとが妖言《ようげん》を吐いていたというから、朝廷は頭を抱《かか》えた。放浪する者が増殖すれば、財政は破綻《はたん》し、秩序は乱れるからである。

その後、私的隷属《れいぞく》を嫌い、漂泊する者は、差別されていくようになる。芸能民、勧進《かんじん》、遊女《うかれめ》、鋳物師《いもじ》、木地師《きじし》、薬売り、工人、職人、商人ら、律令の枠からはみ出た者たちだ。

一般社会と訣別し律令社会と縁を切った彼らは「無縁《むえん》の人びと」と呼ばれ、差別されていくが、奇妙なことに、彼らは天皇と強くつながっていく。彼らは天皇から通行の自由、税や、諸役の免除という特権を勝ち取っていく。

「無縁の人びと」「非農耕民」は、供御人《くごにん》の流れを汲《く》んだ人たちで、供御人とは、天皇の食事や生活の品を貢納《こうのう》する人たちを言う。彼らは神社や天皇に供御（飲食物など）を献上する代わりに、数々の特権を得ていたわけである。

ではなぜ、最下層の人びとが、天皇とつながっていったのだろう。「無縁の人びと」の中には「鬼の末裔」を自称する者もいたが、すでに述べた「神と鬼」の関係が分かってくると、興味が尽きない。

そして網野善彦は、表の天皇と裏の非農耕民がつながったことで、俗権力の魔の手から天皇は守られたと推理したのである。

ただし、このような発想に、反論も当然現れた。今谷明は『室町の王権』（中公新書）の中で、天皇は極めて政治的な存在なのだから、民俗学や文化人類学的な発想で天皇永続の謎を解き明かすことはできないと網野善彦の考えを一蹴《いっしゅう》した。その分かりやすい例に、室町幕府三代将軍・足利義満《あしかがよしみつ》を取りあげた。足利義満は王権簒奪《さんだつ》の野望を抱いたと言い、それでも成し遂げられなかったのは、いくつもの偶然が重なったからにほかならないと言う。

夢半ばで足利義満が急死してしまったこと、幕府の宿老《しゅくろう》たちが、足利義満をライバル視し、王権簒奪計画に批判的だったと指摘したのである。

いくつもの顔を持っていた天皇

この議論には、いくつもの問題点が隠されているように思えてならない。

古代の天皇は権力者だったことを前提に話を進めているが、ここに無理があること、そして、「天皇」をひとつの型にはめようとすること自体が、誤った考えなのだ。

一言で言ってしまえば、天皇は、ヤマト建国以来、いくつもの顔を持ってきたのだ。原則的に弱い王であったが、強権を発動する天皇や院（太上天皇《だいじょう》）も現れたのである。

そもそも、強い王が九州から大軍を率いてやってきてヤマトを征服したなどという推理は、もはや通用しない。考古学の資料を積み重ねれば、ヤマトはいくつもの地域の首長が手弁当で集まり、王を共立したのだと考えざるを得ない。ただし、ここから先、ヤマトの王は時代に翻弄《ほんろう》されていく。

すなわち、ヤマト建国当初は祭司王だったが、王は次第に強さを求められ、五世紀後半に異端児・雄略《ゆうりゃく》天皇が登場した。さらに、六世紀初頭に継体《けいたい》天皇が越《こし》から乗り込み、中央集権化の流れが始まった。そして七世紀後半には天武天皇が律令制度の整備を急ぎ、「大王《おおきみ》」だったヤマトの王の称号は「天皇」に改められ、八世紀初頭に、大宝律令が整えられた。

問題は、律令制度の中で、天皇がどのような存在だったのかなのだが、この問題は、このあと触れる。結論を先に言ってしまえば、「天皇の命令は絶対」だったが、「天皇の命令を引き出すのは太政官《だいじょうかん》」が原則だった。しかし、この原則には、落とし穴があった。じつはここに、「天皇」の正体が隠されていたのである。

ただしこの段階で言えることは、「天皇とはこういうものだと、ひとくくりにすることはできない」ということである。

その証拠に、近世、近代、現代と、「天皇」の形は、二転三転してきたではないか。

ちなみに、ヤマトの王は、建国当時は「王《おおきみ》」、その後「大王《おおきみ》」と呼ばれていたが、天武天皇の時代に「天皇《すめらみこと》」と呼ばれるようになった。

近世の天皇は、徳川幕藩体制《とくがわばくはんたいせい》のもとで、ひっそりと暮らしていた。ところが幕末になると、長州藩《ちょうしゅうはん》は徳川幕府に対抗するために、天皇を味方に付けようと画策し、戊辰《ぼしん》戦争では、錦《にしき》の御旗《みはた》が掲げられた。このため明治政府は「王政復古《おうせいふっこ》」というスローガンを掲げた。さらに、キリスト教世界の帝国主義を模倣するために、富《ふ》国強兵《こくきょうへい》だけではなく、大義名分が求められ、天皇は一神教的な神とそっくりに祀りあげられた。これは突然変異と言っても過言ではなく、長い天皇の歴史の中で、近代の天皇は異常な姿にさせられてしまったのである。

ところが、戦後になると、天皇は「人間宣言」をなされ、象徴天皇になられた。むしろこちらの方が、本来の天皇像に近い。

このように、たった百数十年の間に、「天皇」は色々な顔を持たされた。千数百年の歴史の中でも、同様のことが起きていたのであり、「天皇とはこういうものだ」と、ひとくくりにして決め付けることはできないはずなのである。

ちなみに、戦後の史学者の多くが、「天皇が発足当初から強い王だった」と決め付けようとしたのは、唯物史観《ゆいぶつしかん》の立場から、「天皇制批判」をする目的があったからだ。純粋な歴史議論をするのに、このような発想は、邪魔である。

天皇とは「神＝大自然の猛威」

批判ばかりしていても、なんの足しにもならない。どうすれば、学者を超えられるだろう。

天皇は権力者だったのか、あるいは、弱い王だったのか、天皇はどのような歴史を辿ってきたのだろう。その正体を明らかにすることはできるだろうか。

簡単なことだと思う。

まず、日本人は縄文時代から（あるいは旧石器時代から）今日に至るまで、ほとんど信仰形態を変えていない。それは、「神様って、本当に怖い」と、信じていることだ。そして、「人間はちっぽけな存在」であることを、先天的に知っている。遺伝子にすり込まれている。それでなくても、現実に、地震やら火山の爆発やら、台風やら、天変地異のニュースに日々接している。ひょっとすると、古代人よりも、「神（大自然の猛威）は恐ろしい」ことをテレビや新聞やインターネットで見て、読み、聞かされ、知っているかもしれない。

政治家（特に保守系）が「天皇は神」と発言すれば、総スカンを食らうに決まっているが、でもこれは間違っていない。「天皇は、神です」と、きっぱり断言できる。ただ、「神は鬼であって、大自然そのもの」と注が付く。この「大原則」さえ分かっていれば、なぜ天皇が今日まで続いたのかなど、謎はもはや消えてしまったようなものではないか。

天皇（大自然）は、潰《つぶ》す必要もないし、潰そうとすれば、とてつもないしっぺ返しを食らう。そんな大それたことを、日本人がするわけがないではないか。

ちなみに、「天皇なんて時代後《おく》れ」「天皇はいらない」と発言している人たちを非難するつもりはないが、ただ、これだけは、覚えておいてほしい。すなわち、唯物史観がキリスト教のなれの果てで、「神が万物を創造した」「神の子である人間が、世界を支配できる」という信仰の延長線上に科学や共産主義が生まれたという事実である。

科学の力で、人類は大自然をコントロールできると、つい最近まで、人間は信じていたのだ。しかし、合理的な発想の限界は、あらゆる場面で明らかになってきている。だから、この段階で、「もう、天皇はいらない」と、言い出す必要はまったくない。

それはともかく、天皇とは何者なのかを考える上で、「天皇は神」は、大原則なのだ。もっと詳しく言えば、恐ろしい神をいかに鎮めることができるのかが、天皇の最大の役目であり、この「属性」は、長い歴史の中で揺るがなかった。

ところが、世俗権力が「天皇を利用」しようとしたところに、大きな問題が隠されていたのだ。しかも天皇自身が、「利用されたから、それを逆利用して、暴れ回ろう」と考えたから、異常な事態が出来《しゅったい》したのだ。

どういうことか、説明しよう。

律令の目的は「天皇が権力者になるシステム」ではない

『日本書紀』はじつに巧みにできた歴史書で、いくつも「カラクリ」が隠されている。

たとえば、乙巳《いっし》の変（六四五）で蘇我入鹿《いるか》ら蘇我本宗家《ほんそうけ》（本家）が滅亡に追い込まれ、その直後に誕生した孝徳《こうとく》天皇の政権で、律令制度が整ったと高らかに宣言している。

ところが、実際に律令体制が整備されたのは、八世紀初頭のことで、ここに大きな開きがある。なぜ無理矢理七世紀半ばに「もうすでに律令は整っていました」と記録したのかと言えば、「この時律令が完成したのは、蘇我氏を滅ぼしたから」という印象を後世に伝えようとしたからだ。その一方で、蘇我氏が「強い権力を握っていた」ことを『日本書紀』は強調するが、だからと言って、蘇我氏が律令整備の邪魔をしていたとは記さない。ただ、「蘇我氏は皇族をいじめた」と書かれているだけだ。けれども「蘇我氏が滅んで一気に改革が進んだのだから、邪魔立てしていたのは蘇我氏」と、読み手の方が勝手に解釈するように、仕組まれていたのだ。じつにうまくできている。

なぜこのような回りくどい仕掛けが施されたかと言えば、『日本書紀』編纂時の権力者が藤原不比等で、彼の父・中臣（藤原）鎌足《かまたり》が蘇我入鹿殺害の主犯で、その「改革潰し」を正当化する必要があったからだ。潰しておいて、手柄を横取りしたのである。

実際には、蘇我氏は改革派で、蘇我氏の遺志を継承した孝徳天皇や天武天皇の尽力によって律令整備は推し進められたのだ。

おおまかに言ってしまえば、当初蘇我氏が前面に出て中央集権国家の建設を推進し、後の政権が引き継いだのだ。つまり、律令整備の目的は、中央集権国家造りであり、「天皇が権力者になるためのシステム」ではなかったはずだ。

事実、律令が出来上がると、太政官（現代風に言うと内閣）が政治運営を司り、実権を握っていた。天皇は太政官から提出された案件を追認するだけの存在となったのである。

ではなぜ、「律令制下の天皇は、権力者だったのか、そうではなかったのか」の議論がいまだに終わらないのかと言えば、すでに述べたように、暴走する天皇や院（太上天皇）が、たびたび登場したからだ。ここに、大きな謎が残されたのである。

しかし、それほど難しい謎ではない。

天皇が暴走した原因は藤原氏が作った

「天皇は弱い存在」が、律令の原則だった。ところが、抜け穴を用意しておいた人たちがいる。「いざとなったら、天皇の命令を引き出したい」と考えていた連中だ。それは、蘇我氏を潰したあと、藤原不比等の代に勢力を一気に伸ばした藤原氏である。

藤原不比等は、律令の「法律を整備する役人」となり、「法の番人」となって、朝廷に君臨した。そして、後宮《こうきゅう》（分かりやすく言えば、大奥）をおさえることで、天皇を自在に操ろうと企《くわだ》て、ほぼ成功している。

藤原不比等亡きあと、朝廷のトップに立ったのは、天武天皇の孫の右大臣《うだいじん》・長屋《ながや》王《おう》（このあとに左大臣《さだいじん》にのぼる）だった。長屋王は反藤原派期待の星だから、朝堂《ちょうどう》独占を企《たくら》んでいた藤原不比等の四人の子（武智麻呂《むちまろ》、房前《ふささき》、宇合《うまかい》、麻呂《まろ》）らは、焦った。そこで、一介の参議《さんぎ》に過ぎなかった藤原房前に「内臣《うちつおみ》になるように」という命令を、天皇から引き出している。「内臣」は、律令の規定にない。臨時職で、いわゆる「令外官《りょうげのかん》」である。

内臣は、天皇と同等の重みのある立場で、天皇を補佐する役目だという。要するに、左大臣を無視してもかまわない、ということになる。長屋王は、「やってられない」と思っただろう。

藤原氏は政争に敗れると思ったら、天皇の勅と詔《みことのり》（天皇の命令）引き出して、無理難題を通すことが可能になったのだ。だから、長屋王は、抵抗した。とある些《さ》細《さい》な勅にクレームを入れたことがある。律令の規定にない称号を、聖武天皇の母に与えようという内容だった。長屋王は、「天皇の下賜《かし》された称号は、律令の規定にない」と抗議し、

「天皇の命令と律令のどちらをわれわれは優先すれば良いのですか」

と、嚙《か》みついたのだ。

長屋王の言い分が正しかったため、藤原氏は恥をかいた。そして、藤原四兄弟は、長屋王が邪魔になって、謀反《むほん》の濡《ぬ》れ衣《ぎぬ》を着せ、一家もろとも葬《ほうむ》り去ったのだ。これで、藤原氏は、律令と天皇の命令という、二つの力を入れたのである。ところが、藤原氏にとって誤算が生じる。藤原氏の箍《たが》がはずれた瞬間、天皇は暴走し、コントロールが利《き》かなくなることが起きたのである。

長屋王を滅亡に追い込んだ藤原四兄弟が、天然痘《てんねんとう》の病魔に襲われ全滅したとたん、聖武天皇は関東行幸をはじめ、藤原氏と敵対するようになった。挙げ句の果てに、盧舎那仏《るしゃなぶつ》（大仏）造立《ぞうりゅう》を思い立ち、優婆塞らを味方に引き入れたのだった。娘

の孝謙上皇（のちに称徳《しょうとく》天皇）も、恵美押勝《えみのおしかつ》（藤原仲麻呂《なかまろ》）と争い、勝利すると、どこの馬の骨ともしれぬ道鏡《どうきょう》を皇位につけようと企てた。

平安時代に「院の暴走」がくり広げられたときは、「摂関家《せっかんけ》（藤原北家《ふじわらほっけ》）の箍がはずれた天皇が暴れた」のであって、図式は同じだ。すなわち、藤原氏が「あいまいな形で天皇に権力を与えてしまった」ところに、大きな「歪《ゆが》み」が隠されていたということになる。

天皇の正体も、これでだいぶ分かってきたのではなかろうか。

第三章　実践！　謎解きのヒント

古代史最大の未決着論争「邪馬台国」

古代史最大の迷宮入り事件「邪馬台国《やまたいこく》」論争

古代史には、より多くの謎が横たわっていて、少しずつ解《と》き明かしていく喜びがある。七世紀以前の歴史は、ほとんど解明されていないと言っても過言ではない。迷宮入り事件が多いから、腕が鳴るのだ。

各地の開発が進むとともに発掘調査も増えて、歴史解明の材料は揃《そろ》いつつある。古代史の多くの謎も解けつつあるのだ。

ただ、やはり謎解きの基本に横たわるのは『日本書紀《にほんしょき》』で、この「ウソだらけ」の文書の、どこがウソで、なぜそのウソをつく必要があったのかを探っていかねばならないし、根気のいる作業が求められる。その過程で、「お伽話《とぎばなし》にしか見えない」

場面でさえも、簡単に無視してはならない。「後世に真相を残してはならないから、荒唐無稽《こうとうむけい》の話を用意した」ことを疑ってかかる必要がある。この「疑い続ける作業」を心がけることによって、謎はひとつずつ解けてくるはずだ。

たとえば、迷宮入りしてしまったように見える邪馬台国論争も、最後の謎解きの鍵を握っているのは、やはり『日本書紀』だと思う。『日本書紀』編者は、邪馬台国やヤマト建国の歴史を熟知していたからこそ、肝心な場面を、お伽話や神話に組み替えてしまったのである。

そこでしばらく、邪馬台国論争を考えてみたい。

邪馬台国とは、二世紀後半から三世紀にかけて存在した倭国《わこく》の中心地で、卑弥呼《ひみこ》が女王として君臨していた。この様子は、「魏志倭人伝《ぎしわじんでん》」に記録されていたのだ。その「魏志倭人伝」の「魏国」とは、劉備玄徳《りゅうびげんとく》や諸葛孔明《しょかつこうめい》の活躍した『三国志《さんごくし》』『三国志演義《えんぎ》』の「魏・呉《ご》・蜀《しょく》」の三つの国のひとつだ。

邪馬台国論争の歴史はじつに古い。すでに『日本書紀』が、「魏志倭人伝」の記事を引用している。それは、第十五代応神《おうじん》天皇の母・神功皇后《じんぐうこうごう》が摂政《せっしょう》だった時代の記事の中に出てくる。すなわち、『日本書紀』編者は邪馬台国の卑弥呼（あるいは台与《とよ》）と神功皇后を同一人物とみなし、邪馬台国はヤマトとみなしていたことになる。

南北朝時代の北畠親房《きたばたけちかふさ》も、「邪馬台国はヤマト」と指摘していた。その後、論争に火がついたのは、江戸時代に入ってからだ。儒学者《じゅがくしゃ》・新井白石《あらいはくせき》と、国学者《こくがくしゃ》・本居《もとおり》宣長《のりなが》が、論争を始めたのだ。本居宣長は、ここで奇抜なアイディアを提出している。「魏志倭人伝」に登場する「邪馬台国の卑弥呼」は九州の女酋《じょしゅう》で、ニセモノだったという。すなわち、本当の「邪馬台国＝ヤマト」は畿内にあったのに、卑弥呼が魏に対し、「われわれが倭国の邪馬台国」と嘘をついてしまったというのだ（偽《ぎ》僭《せん》説という）。ヤマトの天皇が、中国（魏）の王にへりくだるはずがない、という発想だった。

本居宣長の仮説、史学者には、受けが良くない。「日本の天皇はエライ」という、根本の発想が、気にくわないのだろう。しかし、のちに触れるように、この偽僭説、じつに的を射ていた。

じつを言うと、邪馬台国論争は、本居宣長の段階で、ほぼ八割方けりが付いていたように思うのだが、明治時代に入ると、忘れ去られ、二大学閥による論争が勃発《ぼっぱつ》してしまったのだ。明治四十三年（一九一〇）に東京帝国大学教授の白鳥庫吉《くらきち》が北部九州説を、京都帝国大学の内藤虎次郎（湖南《こなん》）が畿内説を立ち上げた。

邪馬台国畿内説と北部九州説の主張

まずここで、話を進める前に、邪馬台国の位置が、なぜ分からないのか、なぜ百年以上も論争が続いているのか、その原因を、はっきりとさせておこう。

「魏志倭人伝」には、朝鮮半島の帯方郡《たいほうぐん》から九州島に至る行程が、事細かに記されている。朝鮮半島南部沿岸部を通過して海を渡り、対馬《つしま》、壱岐《いき》を経由している。この間の地理に、矛盾《むじゅん》や疑問点はない。

問題は、そのあとだ。

最初に上陸するのは、末盧国《まつらこく》（のちの肥前松浦郡《ひぜんまつうら》、現在の佐賀県唐津《からつ》市付近）で、ここから東南に陸行して（歩いて）五百里進み、伊都国《いとこく》（糸島郡《いとしま》深江《ふかえ》、現在の福岡県糸島市付近）に至る。さらに東南百里で奴国《なこく》（現在の福岡市博多《はかた》区付近）、東に百里で不弥国《ふみこく》（宇瀰《うみ》か？　福岡県糟屋《かすや》郡宇美《うみ》町）に着く。最後の不弥国の位置は正確には分かっていないが、福岡市かその周辺であることは確かだ。そして、次の一行が記される。

南、投馬国《つまこく》に至る水行二十日。(中略)南、邪馬壱(台)国に至る、女王の都する所、水行十日陸行一月。

福岡市付近までの行程は、ほぼ正確だった。ところがこの先邪馬台国に行くには、南に二十日船に乗り投馬国に行き、さらに南に十日船に乗り、さらに一月歩いて行く、というのだ。これでは、いくら道の整備されていない古代でも、九州島を通りすぎてしまう。そこで、「どうすれば、この行程を表した文章を利用して、日本列島内にあてはめることができるか」の模索が始まったのである。

白鳥庫吉は、この記事を読んで、なぜ「北部九州」と考えたのだろう。白鳥は、帯方郡から不弥国までの総里数が一万七〇〇余里と記されていること、また帯方郡から邪馬台国までは、一万二〇〇〇余里とあって、単純に引き算をすると、一三〇〇里になる。古代の中国の一里は、陸上の場合、二三~二四里で現在の一里に相当

畿内説と北部九州説

国　名	工程と方位	比定地	戸　数
❶狗邪韓国	帯方郡より水行7000余里	朝鮮半島南岸	
❷対馬国	狗邪韓国より渡海1000余里	対馬市	1,000余
❸一支国	対馬国より渡海1000余里	壱岐市	3,000余
❹末盧国	一支国より渡海1000余里	唐津市	4,000余
❺伊都国	末盧国より東南陸行500里	前原市	10,000余
❻⑥奴国	伊都国より東南100里	福岡市	20,000余
❼⑦不弥国	奴国より東100里※	飯塚市？	1,000余
❽⑧投馬国	不弥国より南水行20日※	？	50,000余
❾⑨邪馬台国	投馬国より南水行10日・陸行１カ月※	？	70,000余

（総工程距離＝帯方郡より1万2000余里）
※北部九州説では起点を伊都国とし、放射線上にたどるとした。

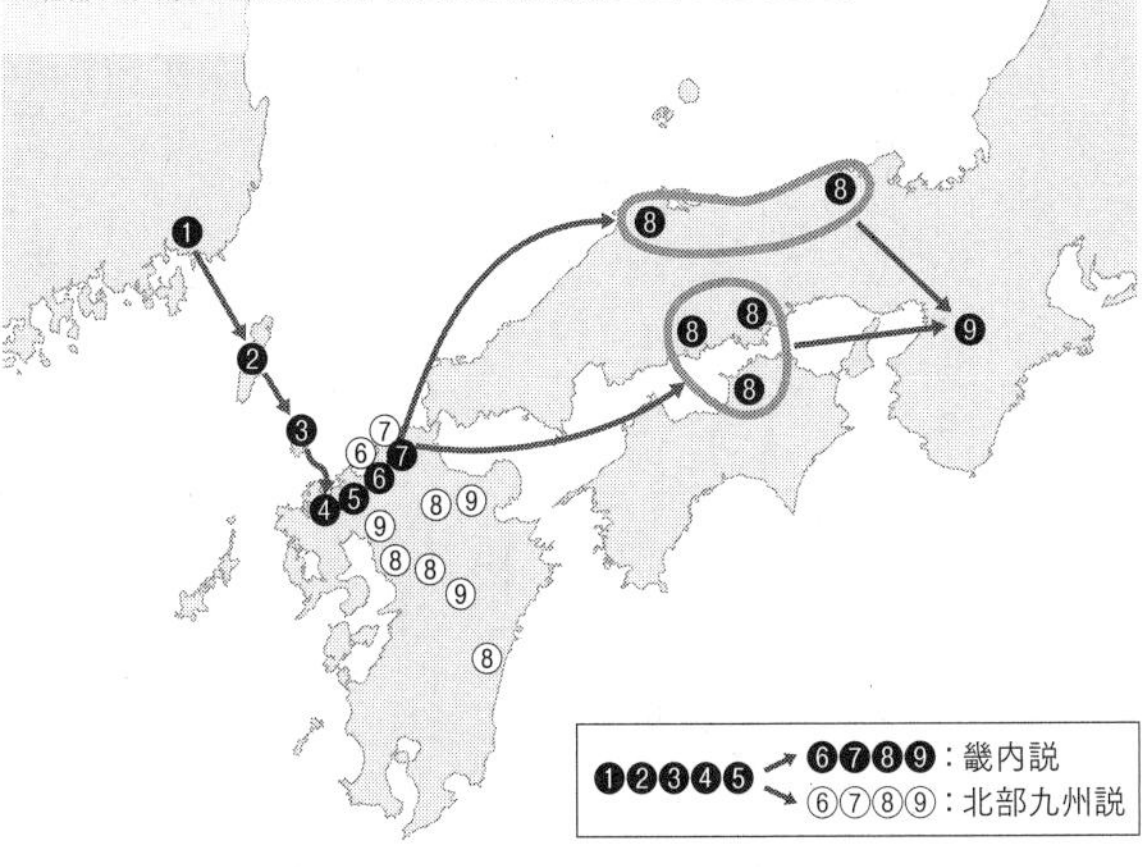

（『地図・年表・図解でみる 日本の歴史』小学館を元に作成）

する。そうなると、邪馬台国は北部九州に収まると考えた。

ただ、厖大《ぼうだい》な日数を、どう考えれば良いのだろう。白鳥は、「陸行一月」は、「陸行一日」の誤りであろうと推理したのである。

これに対し、内藤虎次郎は、まったく異なる意見を述べた。最大の問題は、福岡市付近から「南に行く」の「南」は、じっさいには「東」だったのではないか、と言うのだ。中国の古書の中には、東と南、西と北が、それぞれ混同される例があること、「魏志倭人伝」の「南」も、本当は「東」を指していて、修正して読み直すと、ちょうど畿内のヤマトに辿《たど》り着くと、考えたのである。

昭和二十二年（一九四七）には、榎一雄が「放射説」を提出した。邪馬台国北部九州説の弱点だった福岡市付近からの行程「南へ水行二十日＋水行十日陸行一月」を、「伊都国から放射線状に進むべきだ」と指摘したのだ。

どういうことかと言うと、伊都国→奴国→不弥国→投馬国→邪馬台国と進むのではなく、伊都国から先のすべての行き先は、伊都国から別々に分かれている、というのだ。だから、投馬国は伊都国から水行二十日で、また邪馬台国も、伊都国から水行十日陸行一月となり、北部九州にぴったりあてはまるというわけだ。

箸墓《はしはか》は卑弥呼の墓――畿内論者の勇み足

北部九州説、畿内説は、結局譲ることなく、邪馬台国はどこにあったのか、「魏志倭人伝」を読むだけでは、解決しなかったのだ。ところが、奈良県桜井《さくらい》市の纏《まき》向《むく》遺跡の発掘が進むにつれ、邪馬台国はヤマトで決まったのではないかと考えられるようになってきた。根拠は、纏向遺跡が邪馬台国の時代と重なっていることだ（まったくぴったり重なるわけではない。卑弥呼が女王に立った二世紀後半に、まだ纏向遺跡は生まれていない）。

それともうひとつ、前方後円墳《ぜんぽうこうえんふん》出現の時期が、卑弥呼の死と近いと考えられるようになった。それが、箸墓（箸中山《はしなかやま》古墳、桜井市）で、三世紀半《なか》ばの造営ではないかと、邪馬台国畿内論者は主張するのである。

畿内論者の鼻息は荒く、「もはや邪馬台国論争は決着した」と豪語する者も現れた。マスコミも同調し、箸墓が卑弥呼の墓だったことは、すでに確定済みのような印象すら受ける。

しかし、ここに大きな落とし穴がある。

邪馬台国畿内論者は、年輪年代測定法や炭素14年代法（放射性炭素年代測定法）を用いて、「物的な明らかな証拠を提出した」と胸を張る。箸墓の造営が三世紀半ばであったことは、科学が証明しているという。

年輪年代測定法とは、遺跡の絶対年数を割り出すための方法だ。木造建築の歴史の長かった日本では、有効な手段と言えよう。年輪は、年ごとの気候によって、成長の幅が異なり、それがヒノキやスギなど、同一の樹木では、同じパターンを示す。そこで、現代から過去に向かって、年輪パターンを収集し、データ化して年表を作り、遺跡から出土する木片や木材の年輪を年表と照合することによって、樹木が伐採された年代がほぼ特定できる。これで、遺跡の時代を推理する。年輪の年表はすでに、縄文時代まで続いている。

炭素14年代法は、炭素に含まれる炭素14が、五七三〇年で半減する性格を利用する。遺物にこびりついた穀類などの炭素14を調べ、絶対年代を特定しようという試みだ。日本における認知度は低いが、欧米では高い評価を受けている。そして、この二つの科学的手法を用いると、箸墓は三世紀半ばの造営であった可能性が高いと

箸墓（箸中山古墳）

いうのである。

ただ、結論を急ぐのは、まだ早い。というのも、年輪年代測定法、炭素14年代法どちらも、弱点があるからだ。

年輪年代測定法の弱点は、二つある。木材は伐採後外側を削り落とし、年輪も一部失うから、伐採年代は特定できない。また、伐採されてから長年使用されたあとに棄《す》てられた木片だとすると、遺跡の造営時期と誤差が生まれてくる。

炭素14年代法の弱点は、炭素14が右肩下がりに均等に減少していくのではなく、地域や年ごとに、差が生まれてくることで、グラフは補正されていくのだが、箸墓のサンプルから割り出された炭素14の数値から得られた答えには、数十年の時間の幅がある。邪馬台国畿内論者は、「もっとも古い時代に当てはめれば、三世紀半ば」と言っているのであって、箸墓が四世紀に造営された可能性も残っている。もちろん、邪馬台国九州論者は、「畿内論者は恣意《しい》的《てき》に年代を早めている」と非難する。まさにその可能性は高く、だから、「邪馬台国は畿内で決まった」という発言は、勇み足としか言いようがない。マスコミは、もっと冷静になる必要がある。

『日本書紀』はあえて神話として表現したのではないか

ならば、このまま邪馬台国論争は、迷宮入りしてしまうのだろうか。あるいは、謎を解くヒントはどこかに隠されているのだろうか。

これまでの論争で重視されてきたのは、まず「魏志倭人伝」をどのように読み解くか、そして、考古学の物証で、真相を明らかにすることはできるのか、二つの方法だった。けれども、ひとつ大きな見落としがあったと思う。それは、『日本書紀』である。

『日本書紀』の記述は、あてにならないというのが、一般的な見方だ。特に、継体《けいたい》天皇が登場する前後の五世紀末から六世紀初頭以前の記事は、事実と大きく異なっている可能性が高い。特に、神話からヤマト建国は、お伽話めいている。極論すれば、単なる天皇家のプロパガンダに過ぎないという見方も可能なのだ。特に、戦前の皇国史観《こうこくしかん》に対する反発が強かった時代、神話も神武東征《じんむとうせい》も、「まったくあてにならない」と捨て去られた。その証拠に、戦後の学校の教科書から、神話や神武東征は、きれいさっぱり排除されてしまったのである。

二世紀、三世紀の日本列島の様子が、はっきり伝わっていなかった可能性がある。史学者たちの間にも、「文字のなかった時代、そんな大昔の出来事は、忘れ去られていたはずだ」と高をくくる。

しかし歴史は、文字がなくても残される。政敵がいて、争いがあって遺恨《いこん》を残せば、歴史が生まれる。勝者は正義を主張し、敗者は野に下り、「勝者に対する恨みつらみ」を語り継いでいく。ヤマト建国のような「大事件」の場合、誰かが得をするが、誰かが悔し涙を流すものなのだ。

たとえば、神話と信じられていた「出雲《いずも》」にも、歴史はあった。出雲がヤマト建国に参画していた証拠は「貼石《はりいし》・葺石《ふきいし》」や「纒向遺跡に残された山陰系の土器」という形で残され、またその一方で、ヤマト建国後の出雲の没落という物証も、示されている。出雲の人々は、ヤマトに恨みを抱き、「裏切られた歴史」を語り継いできた可能性がある。

邪馬台国やヤマト建国が三世紀から四世紀のこと、聖徳太子《しょうとくたいし》は六世紀後半から七世紀初頭の人であり、この間三百年ちょっと。戦国時代の関ケ原《せきがはら》の合戦《かっせん》（一六〇〇）の詳細をわれわれが知っているように、聖徳太子らヤマト政権の人びとが、そう簡単にヤマト建国の歴史を忘れてしまったとは思えないのである。

まさに、ここに、「常識に縛られるな」が生きてくる。八世紀の政権は、三世紀の歴史をまったく知らなかったのではなく、「知っていたからこそ神話の世界に封印してしまったのではないか」と疑ってみることだ。

聖徳太子の真の姿を推理する

『日本書紀』には「聖徳太子」は登場しない

古代史を解くには、入口が肝心だと思う。闇雲《やみくも》に突き進んでも、的をはずすだけだ。

ならば、どこから迷路に紛《まぎ》れ込めば良いのだろう。

近道は、「聖徳太子」だと思う。

聖徳太子なら、誰でも知っている。けれども、その実像となると、学者も頭を抱《かか》える。

学校の教科書の一部では、聖徳太子ではなく厩戸皇子《うまやとのみこ》と記されるようになったが、それはなぜかと言えば、『日本書紀』に「聖徳太子」という名の人物は登場し

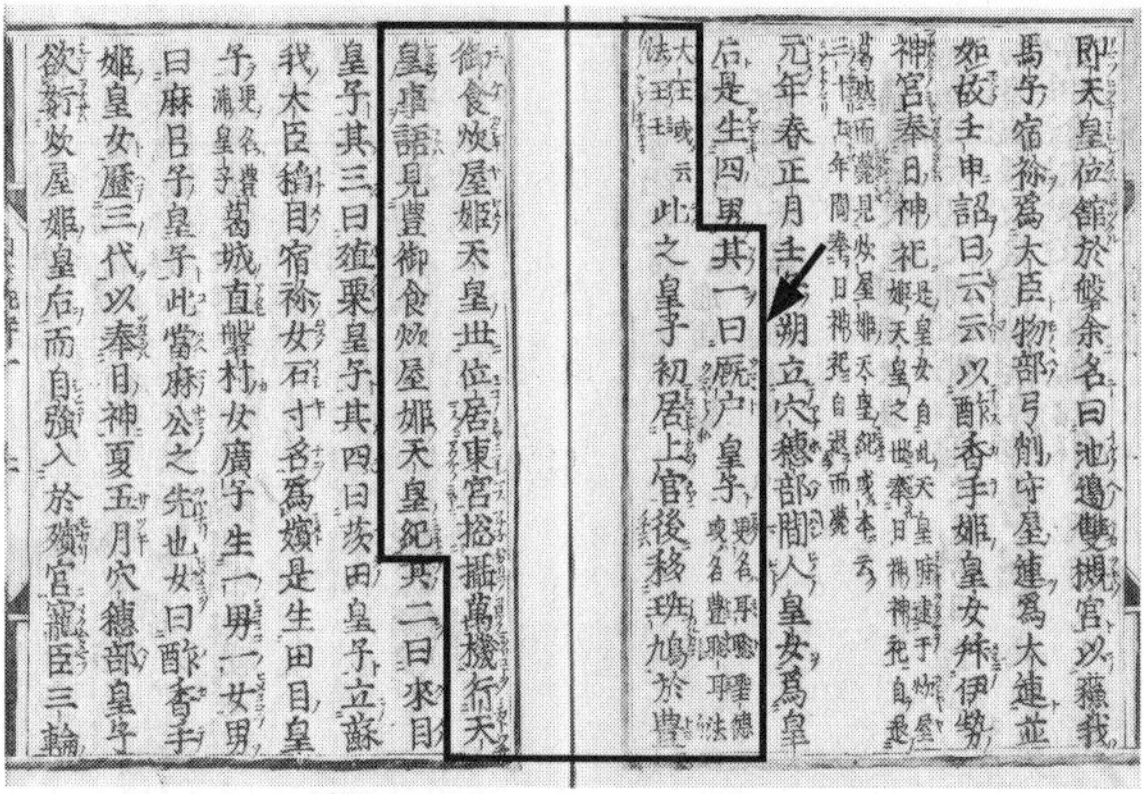

『日本書記(巻第21)』用明《ようめい》天皇の条。「聖徳太子」という名称はない。
※『日本書紀』より(国立国会図書館デジタルコレクション)

ないからだ。ではなぜ、「聖徳太子」と呼ばれているかと言えば、聖徳太子の死後、「太子信仰」が広まり、「聖徳太子」の名が一躍有名になったからなのだ。だから教科書は、『日本書紀』に登場する「厩戸皇子」を、正式な名と提示したわけである。

ただし、『日本書紀』は聖徳太子にいくつもの名を与えている。厩戸皇子、豊《とよ》耳聡《みみと》聖徳《しょうとく》、豊聡耳《とよとみみ》法大王《のりのおおきみ》、法主王《のりのうしのおおきみ》、厩戸豊聡耳皇子《うまやとのとよとみみのみこ》で、どれが本当の名なのか、よく分からない。これは、とても不自然なことではないか。

聖徳太子をめぐる謎は、ここからさらに奇怪になる。

じつは、『日本書紀』編纂《へんさん》の最大の目的は、「聖徳太子を創作すること」だったのではないかと思える節《ふし》がある。

聖徳太子の業績を調べていくと、まるでラッキョウの皮をむくように、何もなくなってしまうという指摘がある。有名な冠位十二階《かんいじゅうにかい》や憲法十七条《けんぽうじゅうななじょう》も、本当に聖徳太子の手柄かどうか、はっきりしないという。隋《ずい》との外交戦でも、隋から送り込まれた裴世清《はいせいせい》は、聖徳太子に会っていたかどうか、『日本書紀』は黙して語らない。

聖徳太子には、これまで気付かなかったカラクリが用意されている。

そして、聖徳太子から古代史に潜り込めば、面白いように謎は解けてくる。結論を先に言ってしまえば、『日本書紀』は、「聖徳太子という虚像を構築したことによって、藤原氏《ふじわらし》の正義を証明できた」のであり、それを逆手《さかて》にとり、先入観や常識を取っ払って聖徳太子を見つめ直せば、これまでどうしても解けなかった数々の古代史の謎が、面白いように解けてしまうはずなのである。

過剰な礼讃《らいさん》の記述に生じるひとつの疑念

聖徳太子は在俗《ざいぞく》（出家《しゅっけ》していないということ）の為政者《いせいしゃ》だ。ところが、『日本書紀』は聖徳太子を「超人だった」「聖《ひじり》の智があった」「聖者だった」と、必要以上に礼讃する。一度に一〇人の訴えを聞き漏らさなかったという話も、『日本書紀』に記されている。

推古《すいこ》二十九年（六二一）春二月に聖徳太子は薨去《こうきょ》したと、『日本書紀』は記録するがそこには次のようにある。すなわち、人びとは嘆き悲しみ、老人は愛しい子を失ったように塩や酢の味が分からなくなり、幼い者は慈《いつく》しむ父母を亡くしたように泣き、耕す者は手を休め、稲つく女は杵《きね》つきをやめた。口々に、

「太陽や月は輝きを失い、天と地が崩れたようになってしまった。これから先、誰を頼りにすればいいのだろう」

と語り合った。聖徳太子の師であった高句麗《こうくり》の慧慈《えじ》は、聖徳太子の死を聞いて大いに悲しんだ。

「日本国に聖者・聖徳太子がおられます。聖の徳をもって日本に生まれました。太子の亡くなられた今、生きていてなんの益がありましょう。来年の太子命日に、自分も必ず死に、浄土で太子にお会いし、ともに衆生《しゅじょう》を救いましょうぞ」

こう誓願を立て、言葉通り、翌年亡くなった。人びとは太子のみならず、慧慈もまた聖者だったことを知った……。

在俗の為政者がここまで礼讃されたとなると、ひとつの疑念を抱かざるを得ない。それは、「ひょっとして聖徳太子は、畳の上で死んでいないのではないか」ということだ。政敵に睨《にら》まれ、抹殺《まっさつ》された可能性であり、『日本書紀』は真相を記録できぬ代わりに、聖徳太子を必要以上に礼讃したのではないかと思えてくるのである。

聖徳太子の子の山背大兄王《やましろのおおえのみこ》も、美化され、礼讃される。

山背大兄王は蘇我入鹿《そがのいるか》に煙《けむ》たがられていた。皇極《こうぎょく》二年（六四三）十一月、斑鳩《いかるが》（奈良県生駒《いこま》郡斑鳩町）の宮は蘇我入鹿の軍勢に囲まれた。一度は生駒山《いこまやま》に逃れたが、「自分ひとりのために、民を苦しめることはできない」と言い、斑鳩に戻り、一族とともに死に果てたのだ。

この時、斑鳩寺（法隆寺《ほうりゆうじ》）の上空には、不思議な光景がくり広げられた。五色の幡蓋《はたきぬがさ》がたなびき、伎楽《ぎがく》が舞われ、斑鳩は照りかがやいた。人びとはそれを仰ぎ見て嘆き、蘇我入鹿に見せようとしたが、入鹿が振り向くと、一面黒雲が覆《おお》って隠してしまったというのである。

聖徳太子は祟《たた》って出ていた？

聖徳太子とは何者なのだろう。『日本書紀』は、何かを隠している……。史学界は、なぜか聖徳太子の謎に目をつむる。「聖徳太子を語ることはタブー」という噂まで聞いたことがある。真偽のほどは分からない……。

聖徳太子の謎に敢然と立ち向かったのが、哲学者の梅原猛だ。『隠された十字架』（新潮文庫）は、斬新な推理を提供した。法隆寺に聖徳太子の怨霊《おんりょう》を封じこめたというのだ。史学者たちの多くは猛反発し、あるいは無視した。

聖徳太子が祟る怨霊とは、どういうことだろう。

梅原猛は、法隆寺にはいくつもの謎があると、まず指摘した。そして、法隆寺に伝わる七不思議にならって、梅原猛流の七不思議を掲げている。

（1）正史《せいし》の『日本書紀』『続日本紀』の法隆寺に関する叙述が曖昧なのはなぜか。

（2）創建法隆寺（若草伽藍《わかくさがらん》）は燃え落ちていたことが考古学的に確かめられ、『日本書紀』にも焼けたと記録されるが、再建記事は残っていない。法隆寺側の正式見解である『法隆寺伽藍縁起《えんぎ》并《ならびに》流記資財帳《るきしざいちょう》』も、再建を記録していない。

（3）中門の真ん中に、柱がある。人を通すために造られた門なのに、なぜ通せんぼをするかのような構造になっているのか、疑問を抱いた。

（4）法隆寺金堂《こんどう》には、本尊が三体ある。普通、ひとつの寺に本尊は一体なのだから、不自然だ。

（5）『法隆寺伽藍縁起并流記資財帳』には塔の高さが一六丈とあるが、実際には三分の二程度（三二・五六弱メートル）しかない。

（6）西院《さいいん》のみで寺として成立しているのに、なぜ東院《とういん》（夢殿《ゆめどの》）を造営する必要があったのか。

（7）法隆寺最大の祭りに聖霊会《しょうりようえ》があるが、この中で「舎利《しゃり》（釈迦《しゃか》の遺骨）」と聖徳太子が関係づけられ供養《くよう》されているのはなぜか。

そして、もっとも大きな謎は、夢殿に祀《まつ》られる聖徳太子等身像＝救世観音《ぐぜかんのん》である。

梅原猛は、救世観音の背中が刳《く》り抜かれ中空になっていること、後頭部に直接光背《こうはい》が打ち込まれていることから、これを怨霊封じの呪術《じゅじゅつ》が執《と》り行われていると見た。

救世観音は、今でこそ年二回厨子《ずし》の扉が開かれ、特別公開されるが、以前は秘仏《ひぶつ》だった。おそらく平安末から近世に至るまで、誰もこの像を見ていない。明治十七年（一八八四）に明治政府のお墨付きを得て、フェノロサと岡倉天心《おかくらてんしん》、加納鉄哉《かのうてつさい》が法隆寺を訪ね、いやがる仏僧たちを説得し、厨子の扉を開いたのだった。もし厨子を開ければ、天変地異《てんぺんちい》に見舞われると信じられていたから、僧たちは抵抗したのだ。

すると、救世観音はまるでミイラのように、「五〇〇ヤード（一ヤードは約九一・

四センチ）」の白布にぐるぐる巻きにされていたのである。

仏像は、人びとが拝み、すがるために造るはずだ。聖者と称《たた》えられ、人びとに親しまれた聖徳太子の等身像であるならば、なぜ秘匿《ひとく》する必要があったのだろう。梅原猛は、聖徳太子は祟っていて、法隆寺はこれを封印したのではないかと推理したのだ。

なぜこのようは発想が飛び出したのだろう。

山背大兄王滅亡事件の黒幕は中臣鎌足《なかとみのかまたり》？

梅原猛は、山背大兄王（上宮王家《じょうぐうおうけ》）の滅亡事件には、黒幕がいたと言う。すなわち、『日本書紀』はすべて仕切ったのは蘇我入鹿と言うが、実際には中臣鎌足が背後から操っていたと推理したのだ。

奈良時代の藤原氏（中臣鎌足の末裔《まつえい》）は、自家に危機が迫ると、必ず法隆寺を手篤く祀った。それはなぜかと言えば、藤原氏が聖徳太子に対してやましい気持ちがあったからだと、梅原猛は推理したのだ。すなわち、蘇我入鹿を操って聖徳太子の子と一族を滅亡に追い込んだのは、中臣鎌足であり、だからこそ、聖徳太子は藤原氏に祟りをもたらし、藤原氏は、怨霊封じに邁進《まいしん》したという。

中臣鎌足は山背大兄王滅亡事件のすぐあとに『日本書紀』に登場する。皇極《こうぎょく》三年（六四四）正月、神祇伯《じんぎはく》（神祇を司《つかさど》る神祇官の長官）に任ぜられたが、これを固辞している。神祇伯という役職がこの当時あったとは思えないのだが、律令《りつりょう》制度が整えられると、神祇官は国政の最高機関である太政官《だいじょうかん》と建前上は同等の地位に押し上げられる。

無名な中臣鎌足がこの段階で神祇伯に大抜擢《だいばってき》されたというのは、正式には「神祇伯」ではなかったにせよ、神祇にまつわる重要な役割を与えられた可能性がある。ではなぜ、尋常ならざる人事が発動されたのかと言えば、山背大兄王殺しの論功行賞であり、裏で手を組んでいたのは軽皇子《かるのみこ》（蘇我入鹿の死後即位する孝徳《こうとく》天皇）だったというのである。

なるほど、かつてなかった斬新な推理であり、聖徳太子が祟っていたという発想は、史学者たちを震撼《しんかん》させたはずである。

筆者も、十代の終わりに『隠された十字架』に触発され、古代史に没頭するようになったのだが、よくよく考えてみると、梅原説には、いくつも矛盾が見出《みいだ》せる。

最大の問題は、もし仮に梅原説通り、中臣鎌足が蘇我入鹿を操っていたとしても、山背大兄王ではなく聖徳太子を恐れたという意味が、よく分からない。山背大兄王が祟って出てもよさそうなのに、なぜ聖徳太子が恐れられたのだろう。それに、養老《ようろう》四年（七二〇）に藤原不比等《ふひと》が亡くなり、翌年、藤原氏の息のかかっていた元明《げんめい》天皇が崩御《ほうぎょ》し、ここに最初の試練が訪れ、養老六年（七二二）に、長らく停止していた法隆寺への食封《じきふ》（財を生み出す土地を与えること）が再開されたこと、これは、自家の危機に藤原氏が法隆寺を重視したためだという。また、その後食封は停止され、天平《てんぴょう》十年（七三八）に再開されるが、前年に藤原不比等の四人の男子が全員天然痘《てんねんとう》の病魔に冒《おか》され滅亡していた。このように、法隆寺への食封と藤原氏の危機は、重なっているという。

しかし、山背大兄王滅亡事件から八十～九十年近くの年月がたっている。聖徳太子の死からは、百年以上の開きがある。はたして藤原氏は、本当に、聖徳太子の祟りを恐れたのだろうか。

百歩譲って、藤原氏が山背大兄王滅亡事件にやましい気持ちを持っていたとしても、山背大兄王の祟りを恐れるのが自然の流れであって、聖徳太子を祀る必要はなかった。

さらに納得できないのは、山背大兄王一族が、法隆寺で全滅したのに、平安時代に至るまで、上宮王家を祀った気配がないことだ。今日に至っても、一族数十人の墓のありかさえはっきりとしない。ここに、法隆寺や聖徳太子をめぐる真の謎が隠されているのではあるまいか。

梅原猛の指摘で無視できない点は、奈良時代の藤原氏が、法隆寺を丁重に祀っていたという事実で、指摘通り、確かに藤原氏の危機には、必ず法隆寺が重視されている。

史学者は無視するが、藤原氏と法隆寺の関係は、不可解きわまりない。だからといって、梅原説のように、奈良時代の藤原氏が聖徳太子の祟りを恐れたから、と考えると、話がややこしくなってくる。

ならば、どう考えれば良いのだろう。この謎をどうやって解こう。

古代史最大の謎のひとつが、聖徳太子なのだ。史学者たちの多くは、梅原猛の「法隆寺怨霊封じこめ説」を笑殺してしまったが、八世紀の藤原氏や藤原不比等の家族が、法隆寺を必要以上に丁重に（尋常ではなく）祀りあげたことは間違いない。しかも、聖徳太子等身像と目されている救世観音を、ミイラのようにして封印してしまったという事実がある。だからこそ、謎を解く必要があるし、「藤原氏に危機が訪れるたびに法隆寺に多くの寄進があった」その理由を、探っていくべきだと思う。聖徳太子の謎が解ければ、古代史の多くの迷宮事件も、芋づる式に明らかになると思う。

ここから、スリリングな謎解きの旅が始まるのである。

ヤマト建国時から始まる権力の流れを追う

古代史を「派閥」の流れで追ってみる

史学者は「制度史」が得意だから、難しい歴史が、一層難しく見える。「制度史」が分からないと、本当の歴史が再現できないのは確かだが、歴史は「制度」だけで機械のように動いてきたわけではない。

歴史を作るのは人間であり、人間の愛憎が、社会を動かしている。また、人間が集まれば、かならず、派閥を作り出す。だから、人間の愛と憎しみ、徒党を組む様子を眺めていけば、史学者が見逃した、意外なヒントが浮き彫りになってくることがある。古代史を「派閥」という視点で見つめれば、新しい古代史像が浮かび上がってくる。

その例をいくつか挙げてみよう。

まず、ヤマト建国と言えば、北部九州とヤマトの葛藤《かっとう》があったのではないかと疑われている。また、北部九州、ヤマト、吉備《きび》、出雲の勢力争いがあって、最終的にヤマトに集まってきたのではないかと、考えられるようになってきた。

私は、もうちょっと違うストーリーを描き出している。日本海勢力と瀬戸内海勢力の相剋《そうこく》と妥協がヤマトを造り出し、その後の政争も、この二つの流通ルートを念頭におけば、多くの謎が解けてくると思っている。二世紀後半から八世紀に至るまで、二つの主導権争いは、尾を引いたのではないかと睨んでいるのだ。具体的には、「物部氏《もののべし》と蘇我氏の対立と融合」である。

考古学を総合すれば、おおよそ次のようなヤマト建国に至るあらすじが浮かび上がってくる。もちろん、通説とは若干異なる考えだが、考古学の最新の成果（特に前方後方墳《ぜんぽうこうほうふん》をめぐる資料が、大きな意味を持っている）を組み合わせれば、こう考えざるを得ないのである。

さて、弥生時代の日本列島でもっとも発展していたのは北部九州で、朝鮮半島に近く、壱岐、対馬という止まり木があって、しかも優秀な海人《あま》が島には住んでいたから、海上輸送が容易だった。そのために、先進の文物を独占的に入手した。特に、鉄を大量に保有し、「なるべく東には流さない」ようにしていた。理由は明らかで、ヤマトは西に向けて天然の要害になっていたから、ヤマトの発展を北部九州は恐れていたのだ。

そこで北部九州は、出雲と吉備を抱き込み、「東側には鉄を回さない連合」を形成したようなのだ。ここで出雲と吉備は、瓢簞《ひょうたん》から駒の形で鉄を手に入れることができた。

ところが、北部九州の目論見《もくろみ》は崩れ去る。丹波《たんば》や但馬《たじま》が独自のルートを駆使して鉄を仕入れ、近江《おうみ》（滋賀県）、尾張《おわり》（愛知県西部）に流し始めたのだ。前述してきた通り、私はこのつながりを、「タニハ〈丹波〉連合」と呼んできたが、このタニハ連合は勢いを得て発展し、三世紀初頭には、近江に前方後方墳（前方後円墳ではない）という独自の墳墓を完成させ、纏向の前方後円墳よりも早く、各地にネットワークを形成しようとした気配がある。

ヤマト建国の主導権争いを制した瀬戸内海

タニハ連合の発展が、出雲と吉備をあわてさせたようだ。「この指止まれ」というように、ヤマトの纏向に多くの首長が集まってきたのは、タニハ連合がヤマトに乗り込み、発展してしまえば、出雲も吉備も窮地に立たされるからだ。

こうして、ヤマトが建国されたのだろう。ただし、ここから先、ややこしいことになっていく。考古学は、四世紀にかけて、纏向で完成した前方後円墳が各地に伝《でん》播《ぱ》していったと語るが、出雲に限って、なぜか前方後円墳は造られなかった。しかも、かつて発展した地域は、一気に没落してしまったのだ。神話にあるように、ヤマト建国ののち、出雲は衰退してしまったのである。

ならば、ここでいったい何が起きていたのだろう。これこそ、瀬戸内海（吉備）と日本海（出雲）の主導権争いだったのではあるまいか。ヤマト樹立後、誰が王に立つのか、誰が政局を運営するのか、すんなり決まったわけではないだろう。となれば、ここで勝者と敗者がくっきり分かれても、なんらおかしくはない。特に、

「ヤマトから見て瀬戸内海と日本海」は、どちらも大切な流通ルートだが、どちらも「われこそは」と主張し、牽制《けんせい》し合い、はたまた叩き合う関係になりえたわけである。

神話の中で出雲を潰《つぶ》したのは、天神《あまつかみ》（高天原《たかまのはら》の神）だが、その中でも経津主神《ふつぬしのかみ》と武甕槌神《たけみかづちのかみ》が、大活躍していたと、神話に書いてある。各地の伝承を集めても、経津主神と武甕槌神は、いつもそばに寄り添い二柱《ふたはしら》で活躍している。経津主神は物部系であり、武甕槌神は東海の尾張系であろう。

物部氏は大和川《やまとがわ》が大阪に流れ下ったあたりに拠点を構えていたが、一帯からは、三世紀の吉備系の特徴的な土器が出土する。吉備はヤマトの埋葬文化に強い影響を与え、かたや物部氏の祭祀《さいし》形態は王家（天皇）が継承したと考えられている。これはなぜかと言えば、物部氏の祖・饒速日命《にぎはやひのみこと》が、吉備からやってきたからだ。『日本書紀』は、饒速日命がどこからやってきたのか明記しないが、これには深いわけがあって、その理由は、のちに触れる。

神社の伝承に記されたヤマト建国直後の政争と結末

饒速日命の子の宇摩志麻遅命《うましまじのみこと》と天香山命《あまのかごやまのみこと》（尾張氏の祖）は、ヤマト建国後に島根県西部（物部神社）と新潟県（彌彦《やひこ》神社）に拠点を構えたという。史学者たちは、「そんな神社伝承、信用できないからあてにするな」と、相手にしない。しかし、こういうところに、盲点が隠されていたのだ。伝承のすべてを信じろとは言わないが、中には、驚くべき正確さで、古代史を残していることも、少なくない。

彌彦神社と物部神社を地図上で俯瞰《ふかん》すると、ちょうど、弥生《やよい》時代後期に出雲で盛行した四隅突出型墳丘墓《よすみとつしゅつがたふんきゅうぼ》の分布域を挟みこむような場所なのだ。だからこの伝承は、物部氏（吉備）と尾張氏（尾張）の祖が、出雲いじめをしたという神話とつながっていたのだ。ここに、ヤマト建国直後の「瀬戸内海（吉備）＋東海（尾張）vs日本海（出雲）」の政争とその結末が見てとれる。神社伝承だからといって、簡単に棄てられては困る。

結局瀬戸内海勢力はひとり勝ちし、吉備は五世紀半ばまでヤマトの王家と覇を競うかのように繁栄するし、物部氏は古墳時代を通じて、最大の豪族となって、領地を貪欲に増やし、また交通の要衝《ようしょう》をおさえていったのである。

六世紀に王が日本海側から現れた意味

ヤマト建国後に勃発した二つの地域の争いは、その後のヤマト政権に影響を与えたように思えてならない。ヤマト建国の直後に出雲が没落し、その後しばらく、日本海そのものも衰退していく。けれども、五世紀後半に吉備が没落すると、勢力地図に異変が起きてくる。

六世紀初頭に第二十六代継体天皇が越《こし》（北陸）からヤマトに招かれる。第十五代応神天皇の五世の孫と『日本書紀』にあり、かろうじて皇位継承楯を持っていたことになる。近江で生まれたが、父が早くに亡くなったので、母の故郷・越に戻っていたのだ。「越の王」の出現は、実際には王朝交替ではないかと疑われもした。最近では、「婿入《むこい》りではないか」という推理が、有力視されている。

それよりも注目しておきたいのは、継体天皇が「日本海側の地域からやってきた」という点である。

ヤマトでは五世紀後半、強い王を目指した第二十一代雄略《ゆうりゃく》天皇が出現したが、その後混乱が続いたようだ。第二十五代武烈《ぶれつ》天皇に子はなく、王統は断絶した。そこで継体天皇を招いたということになる。ヤマトの混乱と疲弊をよそに、その間、越は朝鮮半島と交流を深め、先進の文物を取り込むようになっていた。たとえば「王冠」は、ヤマトよりも先に越が手に入れていたのだ。継体天皇の出現は、日本海の復活という背景がなければ、理解できないのである。

また、継体天皇のヤマト入りからしばらくして、蘇我氏や阿倍氏《あべし》が勃興《ぼっこう》する。彼らは継体天皇と一緒に、越から乗り込んできた氏族だった可能性が高い。

阿倍氏と越のつながりは、通説も認めている。一方蘇我氏の場合、なぜか「出雲」と接点を持つ。

出雲大社真裏の摂社《せつしゃ》はスサノヲを祀るが、素鵞社《そがのやしろ》と呼ばれる。スサノヲの最初の宮「須賀（スガ）」が「ソガ」に訛《なま》ったと考えられる。蘇我氏の地盤である飛鳥周辺には、出雲系の神々が密集するが、蘇我氏全盛期に造営した古墳は方墳で、これは古墳時代の出雲で盛行した埋葬文化である。

弥生時代後期の出雲と越が固い絆で結ばれていたように、五世紀、六世紀の越は、出雲を通じて日本海ルートの復権を画策し、だからこそ、出雲（日本海）に接点を持つ蘇我氏が、「日本海の王＝継体天皇」の出現の後、頭角を現したのだろう。

継体天皇は越にいた頃、尾張氏の女人を娶《めと》り、二人の男子が生まれている。のちに即位する安閑《あんかん》天皇と宣化《せんか》天皇で、継体天皇が東海の尾張氏の後押しを受けていたことは確かだが、蘇我氏も尾張氏と「主従関係」を結んだかのように、親しくしていた。やはり、蘇我氏は継体天皇と強くつながっている。

問題は、「日本海の蘇我氏」と「瀬戸内海（吉備）の物部氏」が、鍔《つば》迫《ぜ》り合いを演じたことだ。もちろん、仏教公伝《こうでん》（五三八あるいは五五二）後の崇仏《すうぶつ》戦争だが、実際には、「日本海と瀬戸内海の因縁《いんねん》の主導権争い」だった可能性が高いのである。

反蘇我派と親蘇我派の暗闘

蘇我氏と物部氏の闘争は、日本海vs瀬戸内海の主導権争いであるとともに、日本各地に広大な領地を保有していた物部氏の、律令制度導入に対する抵抗であった可能性が高い。ただしこのあと、六世紀末から七世紀にかけて、蘇我氏と物部氏は、「日本のために」と、大同団結した気配がある。私地私民を禁じて律令制度を導入するには、日本一の大地主である物部氏が首を縦に振らなければ不可能だったわけで、蘇我氏は物部氏を説得し、物部氏は「民の繁栄のためなら、私欲を棄てよう」と、歯を食いしばり、受け入れたのである（拙著『百済観音と物部氏の秘密』角川学芸出版）。

ここから先、「親蘇我派（改革派）」と「反蘇我派（反動勢力）」の二つの派閥を想定すると、古代史はじつにスムーズに流れを説明できるようになる。

蘇我入鹿暗殺を企《くわだ》て実行した中大兄皇子《なかのおおえのみこ》（天智《てんぢ》天皇）と中臣（藤原）鎌足は、「反蘇我派」、蘇我入鹿暗殺後に即位した孝徳天皇は蘇我系の豪族を重用《ちょうよう》し、蘇我系の皇族が眠る磯長谷《しながだに》（大阪府南河内《みなみかわち》郡太子《たいし》町・河南《かなん》町・羽曳野《はびきの》市）に葬《ほうむ》られたので、「親蘇我派」。「反蘇我派」の天智天皇崩御ののち、蘇我系豪族の後押しを受けて、天智の子の大友皇子《おおとものみこ》を蹴散《けち》らして玉座《ぎょくざ》を獲得した大海人皇子《おおあまのみこ》（天武《てんむ》天皇）は、「親蘇我派」。天武崩御ののち、即位した持統《じとう》天皇は、中臣鎌足の子の藤原不比等を大抜擢し、女帝から始まる観念上新たな天智系の王家を作った。つまり、持統天皇は

「反蘇我派」なのだ。

そして、聖武《しょうむ》天皇は「藤原の子」として純粋培養されたから、「反蘇我派」だったが、藤原不比等の子の四兄弟（武智麻呂《むちまろ》、房前《ふささき》、宇合《うまかい》、麻呂《まろ》）が全滅した瞬間から、反藤原派に転向した。聖武天皇が仏教に大きく傾き、「聖徳太子の生まれ変わり」と語られるようになったのは、この人物が「親蘇我派」に寝返ったからだ。

このように、歴史の流れを「派閥の暗闘」という視点を組み込み単純化すると、すっきりと分かりやすくなる。

聖徳太子と法隆寺に秘された暗闘の歴史

なぜ聖徳太子は童子《どうじ》なのか

古代史は謎だらけだ。けれども、解けぬ謎はない。謎が山のように残っているということは、誰にも宝の山を探り当てるチャンスがある。名探偵となった気分で、古代史の謎に挑戦してみよう。早い者勝ちなのだ。

不思議なことは、いくらでもある。邪馬台国も古代史の大きな謎だが、それよりも聖徳太子の謎の方が、奥が深い。ヒントもいっぱい残されている。たとえば、童子である。

法隆寺や聖徳太子と関わりのある寺院では、なぜか童子像が祀られる。子供姿のあどけない聖徳太子（孝養像《きょうようぞう》）が、至る場所に存在するのだ。

有名な聖徳太子の肖像画「御物唐本御影《ぎょぶつとうほんのみえい》」の両脇には、少年に見える人物がふたり控える。唐代《とうだい》の帝王肖像画のスタイルを模倣したものだが、唐の場合、中央の王を大きく、左右の従者は背を低く描くが、従者たちは立派なヒゲを蓄えている。しかし、この御影の左右の人物にヒゲはなく、少年（童子）である。したがって、「御物唐本御影」の聖徳太子は唐の肖像画を真似《まね》する一方で、「童子と一緒」であることを強調していたことになる。

『日本書紀』も、「聖徳太子が童子の姿で活躍していた」と、記録する。

用明二年（五八七）七月、蘇我馬子《うまこ》（蘇我入鹿の祖父）と物部守屋《もりや》が仏教導入をめぐって衝突した。朝廷《ちょうてい》の主だった者を率いて、蘇我馬子は河内国《かわちのくに》の渋河《しぶかわ》（大阪府東大阪市）の守屋の邸宅を囲み、攻めたてた。しかし、守屋は奮戦し、三度はね返された。

この時聖徳太子は戦況を見守っていたが、「願掛けをしなければ勝てない」と判断。霊木（白膠木《ぬりで》）を切り四天王像を彫り、髪をたぐりあげ、誓いを立てた。すると物部守屋は、自ら崩れていったという。

ここで問題となるのは、聖徳太子の「験力《げんりき》」によって蘇我馬子が勝利したこと、そして『日本書紀』が、この時の聖徳太子の髪型を「束髪於額《ひさごはな》」と特記していたことだ。これは、「子供（童子）の髪型」だった。

なぜ聖徳太子は、「童子」なのだろう。

すでに述べたように、「童子は鬼」とみなされていた。昔話の中で童子が鬼退治に向かったのは、「童子は鬼と同等の力を持っている」と信じられていたからで、同等の力を持っているのは、童子も鬼とみなされていたからだ。

『日本書紀』は、聖徳太子が童子であることを強調した。それは、「聖徳太子は鬼だった」と言っていることになる。

法隆寺金堂釈迦三尊像《さんぞんぞう》の光背銘《こうはいめい》は、聖徳太子の母を指して「鬼前太后《かむさきのおおきさき》」と呼ぶ場面がある。平安時代に編まれた聖徳太子の伝記集『上宮聖徳法王帝説《じょうぐうしょうとくほうおうていせつ》』は、「鬼前大后」の名の由来を説明している。それによれば、鬼前太后は聖徳太子の母・穴《あな》穂部間人皇女《ほべのはしひとのひめみこ》のことで、弟の崇峻《すしゅん》天皇が石寸神前宮《いわれのかむさきのみや》で天下を治めていたことに由来するという。

どうにも不思議なのは、「神前」でよいものを、なぜ光背銘は「鬼前」にすり替えたのか、ということだ。

すでに述べたように、古代の人びとは「神と鬼は同一」と考えていた。だから、「神前」が「鬼前」に入れ替わっても、おかしいことはない。しかし、八世紀以降、神と鬼は峻別《しゅんべつ》され、鬼は蔑《さげす》まれる者に零落《れいらく》していく。仕掛けたのは、『日本書紀』編者であった。とすれば、聖徳太子の母が「神」なのに「鬼」にすり替えられたところに、意地の悪さを感じずにはいられないのである。

聖徳太子は、必要以上に礼讃されたが、裏側で、ひっそりと「あれは鬼の子」と、後ろ指を指されていたのではあるまいか。

なぜ藤原氏は自家の危機に法隆寺を祀ったのか

前述したように、梅原猛は『隠された十字架』を書いて、学界の総スカン（あるいは無視）を食らった。聖徳太子は祟って出た……。藤原氏は聖徳太子の祟りを恐れて、法隆寺を祀った……。法隆寺は聖徳太子の怨霊を鎮《しず》めている……。と、それまでにない斬新な発想を提供したのに、酷評されてしまったわけだ。

たしかに、聖徳太子が亡くなってから百年たって、藤原氏が聖徳太子の祟りを恐れたという話は、あまり現実味がない。その一方で、法隆寺が「誰かの祟りを封じこめている可能性」は否定できない。それは、救世観音の異様な祀られ方を見れば、明らかだろう。なぜ人に拝んでもらうことを目的に造られた仏像を、ミイラのようにして厨子を固く閉じ、秘仏にしてしまったのだろう。そしてなぜ、藤原氏は自家のピンチに、必ず法隆寺を祀ったのだろう。これらの法隆寺の謎に、明解な答えは出されていない。

しかし、答えは意外に簡単に出せると思う。

すでに、ヒントは出してある。「親蘇我派」と「反蘇我派」の抗争であり、「蘇我の正義」である。そして、もうひとつ大きなヒントは、「藤原四兄弟」の全滅なのだ。法隆寺を祀るようになった最大のきっかけは、天平九年（七三七）の藤原四兄弟の全滅だった。流行していた天然痘の病魔に取りつかれてしまったのだが、なぜ四兄弟の死と法隆寺がつながっていったのか、その原因を調べれば、意外に簡単に、法隆寺と聖徳太子の謎は解けるはずなのである。

ひとつひとつ、からまった糸をほぐしていこう。

まずは、「蘇我氏の正義」について、一緒に考えていこう。

蘇我氏を悪者に仕立て上げるトリック

『日本書紀』の記事とは裏腹に、「蘇我氏はそんなに悪いヤツではなかったのではないか」という推理は、ここまで指摘してきた通りだ。

もし私見通り、蘇我氏が改革派で、正義の味方で、多くの民に慕われていたのだとしたら、『日本書紀』編者は、どうやって事実をひっくり返し、「蘇我氏は古代史最大の悪人だった」と、記録することができたのだろう。どうすれば、今日に至るまで、誰もが「蘇我氏は嫌い」と信じるようになったのだろう。どのようなトリックを使ったのだろう。あなたなら、何から手をつける?

これればかりは、『日本書紀』を何回も読み込まなければ分からないだろう。けれども、トリックは、それほど複雑ではない。現代風に言えば、情報操作のテクニックを駆使すればよいわけである。

私は、次のように推理する。

まず、正史を書く側は、政争の勝者であり、藤原氏の場合、その後も権力者の地位に居座り続けた。だから、事実と異なったことを書いても許される。「ここがおかしい」と指摘されても無視していればよいわけで、あるいは、うるさい人物は抹殺すればよかった。そういうことをしかねないのが藤原氏である。

八世紀に『日本書紀』が成立してから、ほぼ藤原氏は朝堂《ちょうどう》を支配したから、『日本書紀』に書かれていたことは、時間の経過とともに「真実」になっていった。

ならば、どうやって、藤原不比等は蘇我入鹿を大悪人に仕立て上げることができたのだろう。

まず、蘇我入鹿や蘇我氏の業績を取りあげなければならない。業績はなかったことにしても、改革の事実は残る。そこで藤原不比等は、蘇我系皇族「聖徳太子」という虚像を用意し、蘇我氏の手柄をすべて、この人物に預けたのではなかったか。そして、聖徳太子亡きあと、子の山背大兄王らの一族（上宮王家）が蘇我入鹿の攻撃で、滅亡に追い込まれるというシナリオを用意した……。

聖徳太子は『日本書紀』の中で、礼讃された。必要以上に、「聖者だった」とヨイショされた。それはなぜかと言えば、「聖者の子の一族（山背大兄王一族、上宮王家）を滅亡に追い込んだ蘇我入鹿は、大悪人」という図式を用意したかったからだろう。すなわち、聖徳太子が聖者であればあるほど、蘇我入鹿の悪役ぶりが際立つという寸法である。

そして、もともと聖徳太子も山背大兄王も実在しないのだから、聖徳太子の一族、末裔は、きれいさっぱり消えてもらわなければならない。だから、蘇我入鹿に攻められ、いったん生駒山に逃れた山背大兄王は、

「私ひとりのために多くの人たちに迷惑はかけたくない」

と述べ、斑鳩に戻り、一族とともに滅亡の道を選んだのだろう。

史学界の大御所の中には、「これほど潔《いさぎよ》い一族があっただろうか」と絶賛する者も現れた。しかし、この感覚は、ずれている。

『日本書紀』によれば、山背大兄王は、皇位に固執《こしつ》した俗人《ぞくじん》だ。しかも、周囲の者は、「われわれは蘇我から出ている」と蘇我氏に泣きつき、優位になるよう働きかけている。蘇我氏はこれを一蹴《いっしゅう》し、蘇我氏とはあまり縁のない人物を推《お》した。こちらの方が、むしろ「政治家として立派」であった。くどいようだが、山背大兄王は「俗人」である。

また山背大兄王は、離ればなれに暮らしていたであろう一族を、わざわざ一か所

に集めて、「みんなに迷惑をかけたくないから」と、死を強要している。上宮王家滅亡の直後、法隆寺の上空には不思議な光景が広がったと言い、そちらに目を奪われがちだが、道連れにされた人びとこそ、いい迷惑であった。

けれども、山背大兄王の事件が実際にはなかったと考えれば、多くの謎が解けてくる。

事件の現場となった法隆寺が、山背大兄王の一族を祀っていた気配は希薄で、彼らの墓がいったいどこにあるのか、それさえはっきりと分かっていない。『日本書紀』の言うように聖者の一族で、悲劇的な最期《さいご》を遂げたとしたら、これは信じられない。

山背大兄王の一族は最初からいなかったのだから、物語の中でいっぺんにきれいさっぱり消えてもらわなければならなかったのだし、この事件があったおかげで、中大兄皇子は蘇我入鹿暗殺現場で、母親の皇極天皇に叱責《しっせき》されたとき、

「蘇我入鹿は王家を蔑《ないがし》ろにして、王位を奪おうとしているのです」

と、叫ぶことができたのだ。

聖者・聖徳太子と、悲劇の山背大兄王のコンビを創作したことで、『日本書紀』

は蘇我入鹿大悪人説を完成させ、蘇我氏から改革の手柄をすべて奪うことができたわけである。

藤原氏が法隆寺を祀ったのは長屋王《ながやおう》への怖れ

ならばなぜ、藤原氏は自家の危機に際し、法隆寺を祀ったのだろう。

これも簡単なことだ。藤原四兄弟の全滅の直後から、藤原氏が法隆寺を祀り始めたところにヒントは隠されている。藤原四兄弟が次々と天然痘に冒され、倒れていったとき、人びとは「やはり」と、すぐに合点《がてん》したはずだ。それは、「長屋王の祟り」である。

長屋王が冤罪《えんざい》で殺されたことは、正史『続日本紀《しょくにほんぎ》』も認めている。謀反《むほん》を訴えた役人は大出世を果たすが、のちに親長屋王派の人物と碁を打っていた時、長屋王の話題が持ちあがり、激昂《げきこう》したその人物に斬り殺されてしまった。その記事の中で、この人物が謀反の誣告《ぶこく》をしたと、はっきりと記されている。「誣告」とは、嘘の報告を意味する。

長屋王の最期は、無残なものだったようだ。藤原系の妃《きさき》とその子らは助かったが、あとはみな、滅亡した。『日本霊異記《にほんりょういき》』には、兵に囲まれた長屋王は、「捕らわれて殺されるぐらいなら」と、子供達に毒を飲ませ首を絞めて殺し、自らも毒をあおったという。まさに地獄絵図だ。

長屋王一族の滅亡の後、天変地異や飢饉《ききん》が続いた。天平二年（七三〇）六月、平《へい》城京《じょうきょう》の神祇官《じんぎかん》の役所に落雷があり、朝廷はあわてて諸国に祭祀を命じた。天平六年（七三四）には、巨大地震も起きていた。『続日本紀』はまったく記録していないが、誰もが、長屋王の祟りを信じていただろう。

先述の『日本霊異記』によれば、長屋王は祟って出たという。聖武天皇は一族の屍骸《しがい》を平城京の外に運ばせ、焼き砕き、川に撒《ま》き、海に棄てた。ただし長屋王の骨だけは、土佐国《とさのくに》（高知県）に流した。

すると土佐国で、百姓《おおみたから》が多く死んだ。彼らは役所に、次のように訴え出た。

「長屋王の気（祟り）によって、国の百姓が死に絶えてしまう」

仕方なく聖武天皇は、長屋王の骨を紀伊国《きのくに》（和歌山県）の島に移した……。

長屋王は、祟っていた……。長屋王ひとりならともかく、なんの罪もない妃や子らも巻き添えを食らったのだ。

一説に、長屋王の妃・吉備内親王《きびないしんのう》の血筋が超一級だったこと、蘇我氏の血を引いていたことから、藤原氏はむしろ吉備内親王とその子たちを抹殺しようと企《たくら》んだのではないかという。

いかにもありそうなことだ。吉備内親王は草壁皇子《くさかべのみこ》と元明《げんめい》天皇の娘で、元正《げんしょう》天皇や文武《もんむ》天皇とはきょうだいなのだから、即位してもおかしくはなかった。むしろ、「なぜ一族が一緒に葬り去られたのか」その理由を追っていけば、やはり吉備内親王の「置かれた立場」に行き着く。仮に吉備内親王が即位しなくとも、長屋王との間に生まれた子たちを、反藤原派が担《かつ》ぎ上げる可能性は、十分考えられた。長屋王ひとりを殺しても、残った者は逆に「悲劇の英雄の子」と持ちあげられ、反藤原派の「旗印」「スター」になるのである。

藤原氏は、「長屋王ひとりではなく、長屋王の一族を殲滅《せんめつ》しなければ、意味がない」と、考えたのだろう。また長屋王にすれば、「我が身だけならともかく、愛する一族を奪い取られたことの恨めしさ」は深かったはずで、祟って出る資格は、十分備わっていたわけである。

だから、天平九年に藤原四兄弟が天然痘の病魔に襲われ、一気に滅亡した事件を見れば、誰もが、

「ああこれは、長屋王の祟り」

と、直感したにちがいないのである。

そして、大問題となってくるのは、「祟る長屋王」が、どこにも祀られていないことだ。その一方で、なぜか藤原氏は、法隆寺を重視していくのだ。ここに、大きな謎が隠されている。

しかし、賢明な読者は、

「そうか、派閥のせめぎ合いをこれに当てはめれば、謎はなくなる」

と、すでに気付いておられよう。そう、天武天皇が親蘇我派だったのだから、孫で藤原氏に楯突《たてつ》いた長屋王も親蘇我派で、藤原氏は「藤原に祟りをもたらす親蘇我派を十把一絡《じっぱひとから》げにして、一か所に封印してしまおう」と考えたにちがいない。そしてもちろん、それが、法隆寺だったわけである。

大聖勝軍寺《だいしょうしょうぐんじ》（大阪府八尾《やお》市太子堂《たいしどう》）には、聖徳太子が吐血《とけつ》し、母、妻、子らが同時に亡くなった場面を描いた絵図が存在したらしい。大聖勝軍寺は「下の太子」

と呼ばれ、聖徳太子信仰が盛んな場所だが、「下の太子」は暗示で、件《くだん》の絵図は親蘇我派の天武天皇の孫の長屋王の悲劇を、暗示を込めて仕立てたのではないかと思えてくるのである。

継体天皇の出現が意味する最も大きな謎

ひとつの謎を解けばするすると芋づる式に

　よくよく考えれば、不可解きわまりないのに、なぜか誰も触れたがらない謎がある。そして、そういう「不思議」に限って、謎が解けてしまうと、芋づる式に、次から次と別の謎が解けてしまうから面白い。

　つまり、謎を作り出す元、扇の要《かなめ》の部分を、まずおさえることだ。がむしゃらに迷宮に迷い込むから、頭が混乱するのだ。歴史を改竄《かいざん》した者の心理を裏側から読み解き、「私が歴史を書き替えるなら、どこから手をつけるか」と、先回りすればよいのだ。これができれば、古代史の謎は、スムーズに解けてくる。もっとも大きな扇の要は聖徳太子であり、もうひとつ、外《はず》せない謎がある。それが、六世紀初頭に登場する継体天皇である。

『日本書紀』を読むなら神話からではなく、六世紀からと言っておいた。それは、『日本書紀』の編者が「真っ先に歴史を書き替えよう」と企んだのが、六世紀から七世紀にかけての歴史だからだ。言い換えると、蘇我氏が頭角を現し、権力を握り滅亡していくまでの過程である。

五世紀後半のヤマト政権は、王統の混乱、中央集権化に対する豪族の反発など、穏やかではなかったし、朝鮮半島情勢も不安定で「明るい社会」とはほど遠かった。ここに、新風を吹き込んだのが、越からやってきた継体天皇だったのだ。

もっとも、即位後順風満帆だったかというと、どうやら様子がおかしい。ヤマト政権側が「ぜひ王に立っていただきたい」と、三顧《さんこ》の礼をもって迎え入れたのに、なぜかヤマト入りが遅れに遅れる。淀川《よどがわ》のあたりから、徐々に宮を南に移し、ようやくヤマト入りしたのは、即位から十九年後のことだった。旧政権の守旧派との間に、葛藤があったのかもしれない。

すでに述べたように、継体天皇の出現は王朝交替にほかならないと信じられてきたが、近年「婿入り」説が有力視されつつある状況だ。ただし、「王朝交替があった

継体天皇関連略系図

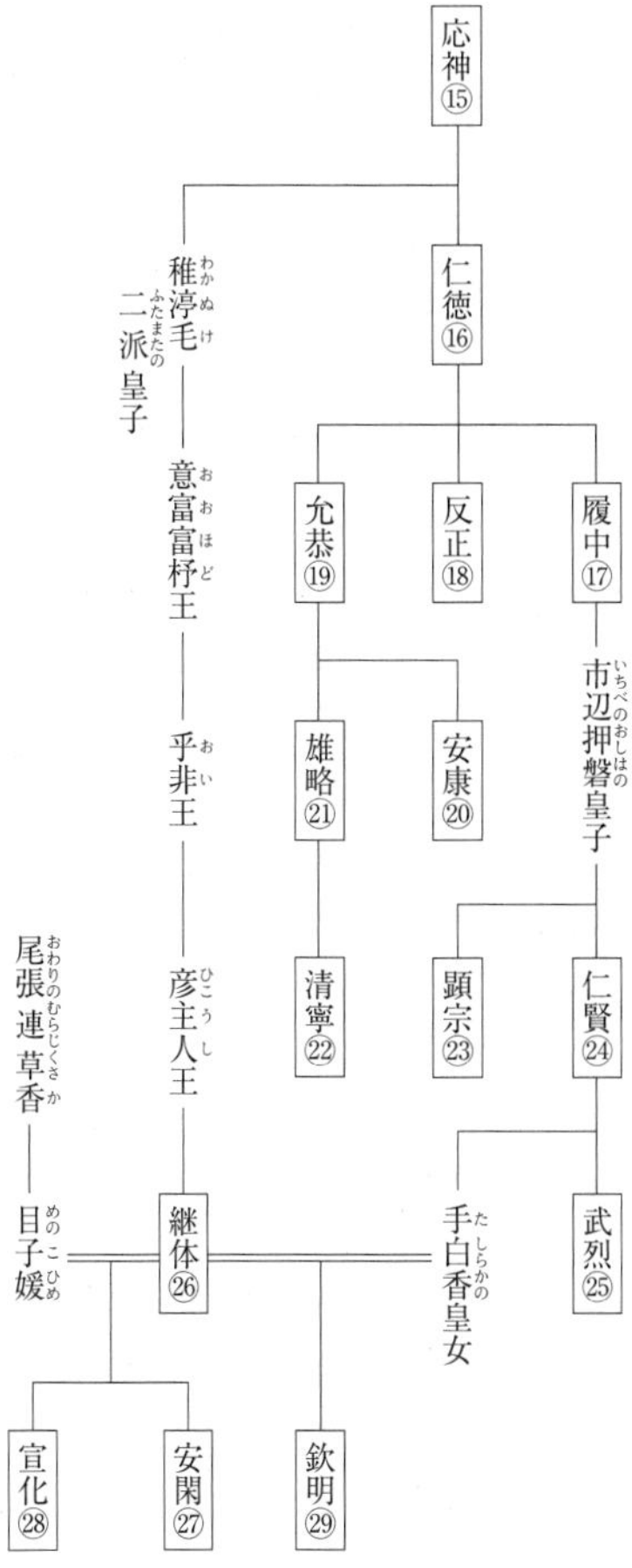

※丸内数字は皇（王）位継承順。長幼の順不同。

のかどうか」に目を奪われるあまり、もっと大切な謎を、史学界は見落としている。

それは、継体朝が「東の政権」だったことである。

越に暮らしていた頃、継体天皇は尾張氏の女性・目子媛《めのこひめ》を娶り、勾大兄皇子《まがりのおおえのみこ》と檜隈高田皇子《ひのくまのたかたのみこ》が生まれた。後の安閑天皇と宣化天皇である。

ヤマト政権側から見れば、継体の王家は、「東側からやってきた東の王家」であり、前代未聞の出来事であった。しかも、八世紀以降の政権から見れば、「野蛮な東国の政権」である。

なぜ八世紀以降の政権は「東」を警戒したのか

不可解なのは、八世紀以降の政権の態度なのである。

まず、三王朝交替説を唱《とな》える人びとも、「継体天皇から始まる王家が、今上《きんじょう》天皇につながっている」と考える。だから、歴代天皇にとって、継体天皇が「御先祖様」だったことは、間違いない。ところが、八世紀以降の政権は、継体天皇を後押しした「東」に対し、警戒感を露《あら》わにしていく。

『日本書紀』は、越や東国には蝦夷《えみし》がいると言っている。その蝦夷たちは、野蛮な人たちと酷評する。しかしこれは、現実の東国の姿とはほど遠い。

近年の研究によって、「蝦夷」と呼ばれる民族が存在したのではなかったことが分かっている。東北地方北部では、たしかに古墳時代に入っても前方後円墳を受け入れず、狩猟生活を守り続けた。これを、続縄文《ぞくじょうもん》時代と呼んでいる。ところが五世紀末から始まった移民政策によって、関東や東北南部、長野県などから人びとが移り住み、いくつものコロニーが誕生し、次第に共存と混血は進んでいった。さらに、ヤマト政権との交流も進み、（意外かもしれないが）蘇我氏全盛期には、蜜月《みつげつ》を迎えていたのだった。蘇我氏は蝦夷たちを飛鳥で饗応《きょうおう》し、東国の屈強の兵をガードマンにした。蘇我入鹿の父が「蝦夷」を名乗ったのも（あるいは『日本書紀』がそう呼んだのも）、蘇我政権と東国が、強くつながっていたからだろう。

情勢が一変したのは、八世紀のことだ。藤原氏が実権を握ると、蝦夷征討が盛んに企てられた。また、都で天皇や重要人物が亡くなったり不穏な空気が流れると、東に抜ける三つの関《せき》が閉ざされた。これを三関固守《さんげんこしゅ》という。三関とは、伊勢国《いせのくに》鈴鹿《すずか》・美濃国不破《みののくにふわ》（関ケ原《せきがはら》）・福井県敦賀《つるが》市南部の旧愛発《きゅうあらち》村と滋賀県高島《たかしま》市マキノ町との境にある有乳山《あらちやま》付近だ。謀反人が東国に逃れることを恐れての処置だった。問題は、朝廷が東を恐れたこと、しかも三関の外側は、まさに継体天皇の揺籃《ようらん》の地だったことだ。これはいったい、何を意味しているのだろう。

すでに触れたように、継体天皇は越にいた頃、尾張氏の女性を娶っていた。ところが、安閑と宣化の二代で、尾張系の王家は断絶する。継体天皇と前王家の娘・手白香皇女《たしらかのひめみこ》の間に生まれた欽明《きんめい》天皇が、尾張系王家に成り代わって王統を継続した。言葉は悪いが、継体天皇は「婿入り」したのではなく、「種馬《たねうま》として利用された」のであり、結局尾張系の安閑と宣化の血筋は邪魔になったとしか思えない。

「東」がヤマトを建国した？

大海人皇子が壬申《じんしん》の乱を制した時、尾張氏が大活躍していたのに、『日本書紀』は、無視している。大海人皇子は裸一貫で吉野から東国に逃れたが、真っ先に出迎え行宮《あんぐう》を用意し、軍資金を手渡したのが、尾張氏だった。ところが、この大切な事実を、『日本書紀』編者は歴史から抹殺してしまったのだ。『日本書紀』を、「天武天皇（大海人皇子）や尾張氏の政敵」が記したからだろう。

「尾張」は、たびたび歴史から排除される。

たとえばヤマト建国だ。纒向《まきむく》遺跡には、多くの外来系土器がもたらされ、尾張からやってきたものは、外来系土器の約半数にのぼっていた。ところが『日本書紀』は、ヤマト建国と尾張の関係を、まったく記録していない。だから史学者たちも、「尾張からやってきた人たちは、労働力として駆り出されたに過ぎない」と軽視する。だが、本当にそうなのだろうか。

『日本書紀』と言えば、ヤマト建国の実態をまったく知らなかったと信じられているが、神話や神武東征、崇神天皇の治政《ちせい》にまつわる記事と三世紀前後の考古学とを見比べると、「記事と物証がそのまま、ぴったり」という場合が少なくない。

たとえば前方後円墳の四世紀の北限は、福島県や新潟県なのだが、『日本書紀』は四道将軍《しどうしょうぐん》が会津若松《あいづわかまつ》市付近にやってきたことを記録する。このルートこそ、前方後円墳が伝わった道であり、四道将軍たちが都に戻って、天皇を「ハックニシラス（初めて国を治めた）」と称えている。

神武東征以前に、ヤマトには出雲神《いずものかみ》・大物主神《おおものぬしのかみ》、長髄彦《ながすねびこ》、物部氏の祖の饒速日命がやってきていたと『日本書紀』は言う。そして最後に、九州から神武天皇が乗り込んできたという設定だ。饒速日命は吉備からやってきた可能性が高く、この「いくつもの地域の首長がヤマトに集まって、政権が誕生した」という設定も、物証とぴったりと重なる。『日本書紀』編者は、ヤマト建国の詳細を知っていた可能性は高い。

その上であえて指摘させてほしいのだが、『日本書紀』のヤマト建国説話に登場しないのが、「尾張」「近江」「丹波」「但馬」で、筆者の言うところの「タニハ連合」の面々なのだ。ここに、大きな秘密が隠されていたとしか思えない。すなわち、「尾張の後押しを受けてヤマトにやってきた継体天皇」を扇の要とすれば、いくつもの謎が浮かび上がり、しかもそれらすべての謎が、ヤマトの歴史を解明する上でじつに大きな意味を持っていたことに気付かされる。鍵を握っていたからこそ、まったく記録されなかったのだろう。物証は「纏向の外来系土器の半分は尾張からやってきた」と言っているのに、無視されているのは、『日本書紀』の「印象操作」が成功したからにほかなるまい。

ヤマトを立ち上げたのは、ヤマトと西日本の諸勢力であろうと、これまで信じら

ヤマト建国の地・纒向遺跡

れてきた。しかし、きっかけを作ったのは、むしろ「東側」ではないかと思えてくる。だからこそ、『日本書紀』は真実を闇に葬り去ったのではなかろうか。

　ヤマト発祥の地・纒向遺跡が造られた位置も気になる。

　纒向遺跡の南側を初瀬川《はせがわ》が流れ、右岸には最古の市・海柘榴市《つばいち》が賑わっていた。三《み》輪山山麓《わやまさんろく》は、交通の要衝で、東西南北に道がつながり、水運を使う手もあった。特記すべきは、縄文時代からすでに、東側との陸の道がこの一帯を起点につながっていたことなのだ。纒向は東国との交通の要衝であり、ここに都が置かれ、ヤマト建国が成し遂げられた理由は、「東側の勢力が真っ先にヤマトに乗り込んでいたから」と考えれば、すんなり理解できる。

物部氏は生駒山や葛城山《かつらぎさん》の西側に拠点を構えたが、その理由も、「吉備からやってきて政権に参画したが、ヤマト黎明期の主導権争いの中で、いざとなったら故郷に逃げられる場所、故郷から援軍が駆けつけられる場所」を選んだからだろう。物部氏がやや西側に重心を傾けていたのは、「東の勢力が怖かった」からかもしれない。

ならばなぜ、「尾張」や「タニハ連合」の存在を、『日本書紀』は嫌ったのだろう。『日本書紀』編纂時の権力者・藤原不比等が、尾張やタニハ連合を歴史に残したくなかったのだろう。ヤマト建国の歴史そのものをごっそり入れ替えない限り、藤原氏の正義は証明できなかったからだ。多くの旧豪族が、没落していったが、彼らの輝かしい歴史を消し去らなければ、藤原氏の正統性を証明することは困難だった。八世紀以降の藤原政権は、東国の軍団を恐れ続けたが、それは、タニハ連合や「東」がヤマト建国に大いにかかわり、しかも政権の行方を左右しかねない勢力に成長していたこと、蘇我氏や物部氏ら、旧豪族はタニハ連合や尾張、東国とつながっていたために、ヤマトの歴史を語るとき、邪魔になったにちがいない。

第四章　日本の美に潜む謎への道

日本の美意識に気付くこと

駄仏《だぶつ》はロダンの「考える人」だった

「日本の美」といっても、

「所詮《しょせん》、海外の芸術品には、かなわない」

と信じている人が、意外に多い。特に戦後の教育を受けてきた人間は、西洋文明に対し、強いコンプレックスを抱いている。

話は少しずれるが、会田雄次の『アーロン収容所』（中公新書）を若い女性編集者に薦《すす》めたら、読書感想が、

「会田雄次の世代には、白人に対する劣等感があったんですねえ」

だった。

「なんじゃそれ」

かえって、こちらが、良い勉強になりました。いまどきの若者には、西洋に対するあこがれは、昔のように強くはないようだ。

われわれが学校で世界史を習っていた頃は、教えている教師が、「日本は劣っている、西欧の文明には勝てない」と、はっきりと言っていたのだから、それを聞いて育ったわれわれ世代は偏った考えを持ってしまったわけだ。

とは言っても、ひねくれ者の小生は、高校時代に道教《どうきょう》思想に目覚め、「科学万能主義に反発」するという大義名分を掲げて、学校の勉強をさぼるようになったわけで、『老子《ろうし》』『荘子《そうし》』を片手に、仏像巡《めぐ》りに励むという、ほぼ仙人のような、浮き世離れした青年になってしまった。

それはともかく、戦後すぐ、日本の因習や迷信を排除しようという運動が政府の手で大真面目《まじめ》に行なわれ、日本人の悪いところばかりが強調されたから、日本人の美的センスなど、世界に比べたら、ちゃんちゃらおかしいと、みな信じてしまったわけである。

ところが、日本が経済復興をはたして、繁栄を誇るようになると自信を取り戻し、「意外に、日本人もやるのかもしれない」と、徐々に、考え方が変わってきたのだ。

日本では包装紙として扱われていた浮世絵《うきよえ》が、西洋で絶賛され、ゴッホが影響を受けていたことなども世間一般に知られるようになり、「世界に認められて初めて日本人自身が、馬鹿にしていたミウチの実力を知る」というパターンも誕生していく。映画監督の北野武がいい例だ（余計な話かもしれないが、『あの夏、いちばん静かな海。』と『Ｄｏｌｌｓ』が、たまらなく好き）。

数年前、記憶が定かではないが、たしか東博《とうはく》（通《ツウ》ぶって、東京国立博物館を、こう呼ぶ人がいるのです）で「東大寺大仏《とうだいじ》」展が開かれていて、名品揃《ぞろ》いで感動してしまった。その帰り道、上野駅までの道のりをショートカットしていたら、「駄仏」が野ざらしになっているのが目に入ってきた。

「ひでえのがあるねえ」

と、視線をあげるとそれは、ロダンの「考える人」だった（国立西洋美術館）。「拡大作」とは言え、「重い造形」にしか見えなかった。「考える＝思惟《しい》」とすれば、中宮寺《ちゅうぐうじ》の半跏思惟像《はんかしいぞう》も同類だが、月とスッポン。日本人の美的センスに、改めて感心させられたのである。

日本を好きになることが古代史にのめり込む妙手

日本を好きになることが、古代史にのめり込む、最良の方法だと思う。

そして、日本人の美意識、センスが、世界でもトップレベルだということを、われわれは認識したほうがよい。

たとえば、毎年秋に開かれる正倉院《しょうそういん》展と言えば、シルクロードを伝って、世界中から集まった宝物が展示されると信じている人も多いだろう。ところが、調べてみると、正倉院のお宝に占める「国産」の比率は、想像以上に高いのだという。一部を除き、ほとんどが国産と言っても過言ではないらしい（九割以上）。奈良時代の日本の工人、職人たちのレベルの高さに、驚きを隠せない。

中国や朝鮮半島から伝わった仏教美術は、日本に移入された瞬間に化学反応を起こし、それまでにない「美」を生み出していったのだ。仏教美術が日本で完成したのは、日本的なセンスが加味されたからであり、そのルーツを辿《たど》っていくと、縄《じょう》文人《もんじん》に行き着くのである。

縄文人たちの造り出すものは、どれもこれも芸術的で、たとえば火焔《かえん》型土器にしても土偶《どぐう》にしても、「想像力」が無限に広がっていたように見えてくる。

岡本太郎が縄文文化に触発されていたことは、つとに名高い。縄文の造形は、ただ美しいだけではない。生命力に満ち溢《あふ》れている。まさに、岡本太郎の作品と、通じるものがある。

なぜ、縄文の造形は美しいのだろう。「暇だったからではないか」という説がある。

日本海側の縄文集落には、大型建物が附随していることが多い。雪国の冬に、皆がここに集まり、作業をしていたのではないかという。外に出ることもままならず、大型建物の中で、土器や工芸品を、春が来るまで造り続けていたのではないか、というのだ。

ただし、ここで一言言い添えておきたいのは、どの民族でも、民族そのものがまだ発展途上で、心が無垢《むく》で純粋で、精神が瑞々《みずみず》しかったころの工芸品は、どれも躍動感に溢れ、美しいということだ。

このことに気付かされたのは、大阪の万博記念公園にある、国立民族学博物館（吹田市《すいたし》）を見学したときだ。縄文人だけではなく、世界中の民族の原初の姿は、じつに「幸福で闊達《かったつ》だった」と痛感したのだ。

もちろん、その中でも、縄文人のセンスは個性的で、「霊性《れいせい》を帯びた感性」を感じるのである。

縄文時代の日本列島では、すでに漆《うるし》の技術が完成していたし、日本文化、信仰の原型は、この時代に築かれたのだった。ただし問題は、その後、なぜ日本人は、縄文時代以来継承されてきた独自の文化を、世界に冠たる仏像の世界に昇華させることが可能だったのか、ということなのである。

おそらく、理由は簡単なことだと思う。それは、「風土に恵まれていた」ということに尽きると思う。

中国や朝鮮半島と、比較すればよいのだ。決定的な差は、「林」「森」である。中国では、青銅器文明や冶金《やきん》技術が発達したはいいものの、森という森を、燃料にしてしまった。だから、荒地だけが残り、砂漠化が進んだのだ。『三国志《さんごくし》』や『三国志演義《えんぎ》』で名高い、魏《ぎ》・呉《ご》・蜀《しょく》の争いも、森を失い天変地異や飢饉《ききん》が続き、戦乱を招いたということでしかない。そして、なぜ中国王朝が、しばしば巨大な統一国家になるかというと、強い権力が発生し軍団が誕生すると、大平原を疾走し、政敵を蹂躙《じゅうりん》してしまうからである。

織田信長《おだのぶなが》が木曽《きそ》攻めを躊躇《ちゅうちょ》したのは、森や土地の起伏を利用したゲリラ戦が怖かったからで、草原、平原の続く中国とは、勝手が違うのである。

くり返すが、神話の中でスサノヲが「日本には浮宝《うくたから》（木材）がなければいけない」と言っているのは、まさに古代日本の状況を、言い当てている。中国や朝鮮半島では、森が涸渇《こかつ》し、日本人はそのことに気付いていたのだ。しかも、「森を絶やしてはならない」と、すでに意識していたわけである。

森があれば、四季を愛《め》でることができる。耳で虫の声を聞き分ける……。このくり返しが、日本人の美意識を育て上げていったのだろう。

縄文の美を堪能《たんのう》できる博物館がお薦め

あまり知られていないが、縄文の美を堪能できる美術館を紹介しておこう。

一番のお薦めは、是川縄文館《これかわじょうもんかん》だ。知らないだろうなあ。遠いしなあ。青森県八戸《はちのへ》市にある。オープンしてそれほど年数がたっていない。この一帯から、縄文時代の高度な漆工芸品が見つかっている。「漆塗り壺型土器」は、みごと。そのほかの土器や工芸品も、一級品だ。「合掌する土偶」「注口土器」「遮光器土偶のアタマ」など、一日観《み》ていても、飽きることはない。

おそらく、青森《あおもり》市の三内丸山遺跡《さんないまるやまいせき》に行かれる方は多いと思う。その帰り道、ぜひ八戸市に寄り道していただきたい。

もうひとつお薦めは、真脇遺跡《まわきいせき》縄文館《じょうもんかん》（石川県鳳珠《ほうす》郡能登《のと》町）だ。縄文時代前期初頭から晩期終末と、ほぼ縄文時代を通じて遺物が出現する遺跡だ。長期定住形集落で、大量で多種の出土品が見つかっている。イルカの骨が大量に見つかっていることで有名だ。二八六頭分ある。イルカ漁をしていたのだ。だから、「日本漁業発祥の地」の石碑が建っている。

また、この地の縄文土器は、じつに「かわいい」のである。「お魚さん土器」「鳥さん土器」など、ユニークな名がつけられているが、これらを一日見ていても、飽きることはない。ただし、入場者があまりにも少ないので、

八戸市埋蔵文化財センター　是川縄文館

国指定史跡・是川遺跡(縄文前・中期の一王寺遺跡、縄文中期の堀田遺跡、縄文晩期を中心とする中居遺跡)などで出土した国宝1点、国指定重要文化財1626点を中心に展示。 〒031-0023　青森県八戸市大字是川字横山1　TEL 0178-38-9511

真脇遺跡縄文館　〔写真提供：能登町教育委員会〕

国指定史跡・真脇遺跡(縄文時代前期から晩期に至る集落跡)で出土し、国指定重要文化財に指定された219点の遺物を中心に展示。

〒927-0562　石川県鳳珠郡能登町字真脇48－100　TEL 0768-62-4800

心配になってしまう。

こんなに目の保養になる博物館は、そうめったやたらにあるものではない。縄文美術の魅力は、まだ周知されていないから、その価値が分からないのだろう。どんな高価な絵画よりも縄文土器の方が美しいことを、声を大にして言いたいのである。

最後に、日本の美に触れたいのなら、東博（また言ってしまった）や京都国立博物館、奈良国立博物館、国立歴史民俗博物館（千葉県佐倉《さくら》市）などのリーズナブルな常設展を、こまめに観て回ることだ。ぎゅうぎゅう詰めの特別展など目もくれず、常設展を定期的に回った方が、どれだけお得なことか。

これらの国立博物館は超一級のお宝を大量に保管していて、順繰りに蔵から出して展示していくから、「こんな貴重な名品に出逢えた」という喜びもある。

あ、それから、京都国立博物館の火焔型土器は、天下一品。「これ、本当に数千年前の人間が造ったの」と、度肝《どぎも》を抜かれる。

あ、それから、東博（また言っちゃった）の常設展のチケットで、同じ敷地にある法隆寺宝物館《ほうりゆうじほうもつかん》に入れます。忘れませんように。あと、その脇にある十輪院《じゆうりんいん》の宝《ほう》蔵《ぞう》も……。

仏像は日本美の集大成

仏像ブームのくそくらえ

その昔、とは言っても、私が子供だった頃、

「仏像が好きなんだ〜」

と、カミングアウトしようものなら、

「へえ」

「だから？」

と、相手にされなかった。いや、「暗い」「キモい」と、除《の》け者にされるのが落ちだった。

ところがである。

いつの間にか、仏像ブームが起きていたではないか。ひとたび人気の仏像展が開かれようものなら、大行列。こちらは、根性ひねくれているから、「そんな仏像、どこがいいのか」と、列をなす人びと（仕事サボりの営業マンや有閑《ゆうかん》マダム？　暇をもてあました学生ども）を、軽蔑のまなざしで見やるのだった。

「さんざん、仏像大好き人間を馬鹿にしてきたのに、いまさらブームに乗っかろうたって、そうは問屋《とんや》が卸《おろ》さねえ」

と、奇妙な義侠心《ぎきょうしん》さえ、芽生えてくるのだった。

「仏像好きになるには、どうしたらいいですか～？」

と、若い女性に聞かれたことがある。

「東大寺行った？　中宮寺《ちゅうぐうじ》行った？　法隆寺行った？」

と尋ねると、

「そこは、修学旅行で行きました～。奈良の大仏なら見ましたよ。でも今は、京都が好きです～」

はあ、そうですかい。よござんした。

で、あとはもう、機嫌が悪くなるという、大人気《おとなげ》ない態度。「好きにすればいいじゃん」と、もう、やる気が失せる。

でもね、これだけは、言わせてもらいますよ。

「京都、上等。けれども、仏像見るなら、奈良でしょ。東大寺でしょ。中宮寺でしょ!! 法隆寺でしょ!!」

「え、興福寺《こうふくじ》の阿修羅《あしゅら》像は？」

って、聞かないで下さいな。そりゃ、いい仏像ですわ。阿修羅像。けれども、東大寺と中宮寺と法隆寺には、かなうわけないでしょ。レベルが違う。月とスッポン。

東大寺ミュージアムができて、東大寺のすごさが、ようやく認知されてきたのではなかろうか。以前は、多くのお宝が奈良国立博物館に保管されていて、順繰りに展示されていたのだが、一堂に会すると、その迫力に圧倒される。センスの高さに驚かされる。張り詰めた空気が、なんとも心地良い。

東大寺の仏像群を、なめてはいけない。正倉院展なら、多くの人が、「奇跡的な宝物」と認識しているが、正倉院が東大寺のものだということは、とかく忘れがちだ。正倉院と同じように、東大寺の仏像群も、抜群に、センスが良いのだ。

ところで、東大寺ミュージアムは平成二十三年（二〇一一）に完成したが、それ以前、多くの仏像や宝物は、奈良国立博物館で展示されていた。それらがごっそり新しいミュージアムに移り、空いたスペースはどうなってしまうのだろうと心配していたが、さすが奈良国立博物館。今はなら仏像館で、「ほとんど世間には知られていないが、通がみれば唸るような奈良の仏像」を拝むことができる。学芸員たちの意地と、目利《めき》きのすばらしさに感歎せざるを得ない。そして、仏像王国・奈良の実力を思い知るのである。

日本の仏像は美しい

「韓国行って仏像観てきたけど、やっぱり本場ものは違うね」

って、したり顔で言ってきた知り合いがいた。

「言っている意味が分からないんですけど……」

と、喉《のど》のここまで出かかったが、押し止《とど》めた。オトナですから。

忖度《そんたく》するに、こういうことだろうか……。仏教公伝《こうでん》（五三八あるいは五五二）は、百済《くだら》から仏像がもたらされた事件であった。それまで、神様の姿格好など、誰も見たことがなかったのに、

「神様のようにエライ仏様とやらは、こんな貴いお姿なのか」

と、みな感動したのだろう。神祇祭祀《じんぎさいし》を守る立場にいたはずの欽明《きんめい》天皇だって、

「これまでこんなにすばらしい教えは、聞いたことがない」

と、仰天《ぎょうてん》してしまった（あとで「しまった」と思ったかどうかは、定かではないが）。

結局この時は、蘇我稲目《そがのいなめ》だけが仏像を祀《まつ》ることになったのだが、のちに蘇我氏は、渡来《とらい》系の工人らの力を借りて、仏寺を建て、仏像を刻ませた。

すなわち、日本の仏教美術は、朝鮮半島の影響と協力を得て生まれた。だから、日本の仏像は朝鮮半島の亜流《ありゅう》だと、その人は信じているのだろう。

「浅はかなり!!」

ふふふふ。日本の仏像は、飛鳥《あすか》時代からすでに、飛び抜けて美しく、他の追随を許さぬレベルに達していたのだ。

理由は、はっきりとしている。たとえば、日本で最初の法師寺《ほうしじ》、本格的寺院とな

った法興寺《ほうこうじ》（飛鳥寺《あすかでら》）造営には、渡来系の止利《とり》仏師（鞍作止利《くらつくりのとり》）や百済の工人たちが活躍したが、止利仏師は司馬達等《しばたつと》の孫だ。『扶桑略記《ふそうりゃっき》』によれば、司馬達等は継体《けいたい》天皇の時代に来日したという。問題は、止利仏師は日本で生まれ、日本的な感性を身に付けていたことだ。どの本を読んでも、彼を指して「渡来系」と記すが、実際には、

「渡来人の技術を継承していたが、感性は日本人のもの」

だったと、みなすべきだ。ここに言う「日本的な感性」とは、縄文時代以来継承されてきた、日本人の美意識である。

そして、調子に乗って言うわけではないが、仏教美術は、日本に渡ってきて、完成したのである〜る。

これは、個人的な意見であるとともに、多くの美術評論家も、認めていることなのだ。なぜか、日本の仏像は美しいのだ。そして、それが一般に考えられているような、「渡来人が技術を持ってきたから」ではなく、日本的な感性が注ぎ込まれたから、日本の仏像は美しいのである。

正倉院宝物の美しさは光明子《こうみようし》の魂の輝き

お薦めの仏像の中でもとびきり上等なものは、東大寺と中宮寺と法隆寺に祀られている。ため息が出るほど、美しい。

まずは、東大寺に向かおう。

ほとんどの日本人が、修学旅行や遠足で、一度は訪ねたことがあるはずだ。巨大な木造建築と、大仏様が印象に残っているかもしれない。そして、鹿せんべいに群れ集まる鹿たち……。

「東大寺は子供の時観たから、もう十分」

と、大人になってから、一度も東大寺の境内《けいだい》に入ったことがない、という方は、想像以上に多いのだ。

いただけませんねえ。これは困ったことだ。

そもそも東大寺は、色々と誤解の多いお寺なのだ。

小生も中学校の修学旅行で初めて奈良を訪れるに際し、社会科の先生に、しっかりレクチャーされましたさ。

「東大寺は、天皇権力の搾取《さくしゅ》によって建てられた寺です‼　民衆の苦しみが宿った寺です‼」

たしか、こんなことをおっしゃっていました。なるほど、その当時は、しきりに感心したものだ。昔の人は、大変だったのだ……。純粋だから、当然、信じてしまった。

それに、東大寺を建立《こんりゅう》した聖武《しょうむ》天皇も、天平《てんぴょう》十五年（七四三）、大仏発願《ほつがん》の詔《みことのり》の中で、爆弾発言をしております。

天下の富と権力を持っているのは朕《われ》（私）だ。その富と権力を使い、大仏を造ろう。

何と傲慢《ごうまん》な男か。これを読めば、社会科の先生のおっしゃっていたことがよく分かる。

ところが、この詔には、続きがある。

富と権力をもって尊き像（大仏）を造れば、事を成すのは簡単だろう。しかし、それでは理念にそぐわない。

こう言って、ひとりでも多くの人が、一枝の草、ひと把りの土を持ち寄って、ともに大仏を造ろう、と呼びかけている。聖武天皇は、最下層の人びとの協力を仰ぎ、大仏造立《ぞうりゅう》を目指したのだ。いわば東大寺は、天皇と民《たみ》が手を携《たずさ》えて造立したお寺なのである。

仏像とは不思議なもので、背後に秘められた「物語」が美しければ美しいほど、輝いて見える。「この仏様はなんと美しいのだ」と感動を受けた仏像は、多くの場合、裏側に清らかな物語や悲しい歴史が隠されているものなのだ。

東大寺の仏像が美しいのは、聖武天皇と光明子の夫婦愛の深さゆえではあるまいか。光明子が夫を愛する気持ちは、すでに第一章の万葉歌《まんようか》で伝えてある。

これもすでに述べたが、聖武天皇の七七忌《き》に、藤原仲麻呂《ふじわらのなかまろ》と光明子は聖武遺愛《いあい》の品物を正倉院に封印した。正倉院の宝物が今日に至るまで奇跡的に守られてきたのは（もちろん散逸《さんいつ》した財宝も数知れないが）、光明子が「藤原の女の振りをして、聖武を守り切った」からであろう。

『東大寺献物帳《けんもつちょう》』には、なぜお宝が東大寺に封印されたか、その理由を、四六駢《しろくべん》儷体《れいたい》の格調高い美文で記されているが、どこか冷淡で、事務的な匂いがする。ところが、一通り美文を述べた上で、奉献品の目録をしたためたあと、もう一度最後に、聖武天皇に対する哀悼《あいとう》の意が示されている。これが、どうやら光明子の願文らしい。そしてそこには、「生前の聖武の賞翫《しょうがん》した品々を見るにつけ、思い出に涙が溢れて止まらなくなる……」と記されていたのである。

東大寺は聖武天皇が民とともに建立し、しかも最後は、光明子の愛情でもって蓋をしたのである。

正倉院宝物の美しさは、光明子の魂の輝きのようにも思えてくる。

なんと言っても東大寺

東大寺をいつも褒《ほ》めてばかりいるので、知人には、東大寺で何を観ればよいのかとしばしば尋ねられる。

「まずは、季節と時間を選ばないとね」

と、釘をさす。

油断していると、修学旅行の洪水に呑《の》みこまれて、人をかき分けて帰ってきたという印象しか残らない。これでは、すべてが台無しだ。

奈良県は、「修学旅行禁止条例」を、今すぐ、議会に提出するべきだね。あれは、ただ無理矢理歩かされているだけで、百害あって一利なし。ただ、お土産《みやげ》屋さんと旅館が生きのびるだけの話ではないか。既得権益を保護するよりも、百年先を見越して、新たな観光戦略を練るべきだ。修学旅行は京都に任せて、奈良は「オトナのための街（変な意味ではなく）」に変身すればいいだろう。

それはともかく、まず仏像拝観の前に、二月堂《にがつどう》に向かおう。夕暮れ時を狙っていくべきだ。生駒山《いこまやま》に夕日が沈んでいく頃、二月堂の灯籠《とうろう》に火が灯《とも》される。ゴーンと、鐘の音が響きわたる。秋から初冬の二月堂は格別だ。

柿くへば鐘が鳴るなり東大寺（贋作《がんさく》）

三月前半の二月堂もぜひ。日が暮れてから、深夜にかけて、僧たちが、ここで行法をくり広げる。これが修二会《しゅにえ》で、いわゆる「お水取り」である。

水取りや氷（籠《こも》り）の僧の沓《くつ》の音

松尾芭蕉《まつおばしょう》は、やはり天才だ。堂内を響きわたる走りの行法の音声《おんじょう》と声明《しょうみょう》は、どのようなクラシック音楽よりも、リズミカルで、感動的だ。その神秘的な様子を、芭蕉は短い言葉で巧みに表現している。

深夜、僧たちがくり広げる行に接すれば、東大寺の虜《とりこ》になってしまうだろう（間違いない）。

そうなのだ。東大寺は、「すがすがしいお寺」なのである。空気が違う。まずここを、分かってもらわないと……。その上で、仏像拝観を始めよう。

南大門《なんだいもん》の仁王《におう》像は、表に曝《さら》されているからといって、価値が低いわけではない。鎌倉時代の運慶《うんけい》・快慶《かいけい》の傑作だ。流れるような肉体美、漲《みなぎ》るパワー。巨大でありながら、緻密《ちみつ》。日本最高峰の仁王像と言っても過言ではない。

次は、東大寺ミュージアムを訪ねよう。このミュージアムの存在意義はじつに大きい。お宝が常設されるようになって、ようやく「東大寺の偉大さ」に、人びとは気付くようになった（はずである）。

何もかもが美しいので、「これが」と、お薦めはしない。とにもかくにも、品がよいのに迫力ある仏像群に、圧倒されてしまう。開館当時は、法華堂《ほっけどう》（三月堂《さんがつどう》）の不空羂索観音菩薩立像《ふくうけんじゃくかんのんぼさつりゅうぞう》が、宝冠をはずした姿で中央に屹立《きつりつ》されていたのだが、今は、三月堂の修理も終わり、本来の場所に戻された。その代わり、三月堂の日光《にっこう》・月光菩薩《がっこうぼさつ》立像が、展示されている。この二体、ぞくっとする妖気を秘めている。

不機嫌な蟹満寺《かにまんじ》の釈迦如来

東大寺の話をし出すと、止まらなくなるので、次に移ろう。

日本でもっとも美しい仏像は何かと聞かれれば、中宮寺の菩薩半跏像《はんかぞう》（菩薩半跏思惟像）か、法隆寺東院伽藍《とういんがらん》（夢殿《ゆめどの》）の救世観音《ぐぜかんのん》を挙げる。どちらかひとつを選ぶことはできない。あえて選ばざるを得ないとしたら、中宮寺の菩薩半跏像か……。

理由は、救世観音は横から観た姿が一番美しいが、特別展示でない限り横から拝むことはできないからだ。年二回のご開帳《かいちょう》の時も、厨子《ずし》に入ったままで、正面から拝むほかはない。

中宮寺の菩薩半跏像は、広隆寺《こうりゅうじ》（京都市右京《うきょう》区）の半跏思惟像と比較されることが多いが、あちらは、朝鮮半島の匂いがするのに対し、中宮寺は「日本的」な穏やかさをたたえている。

半跏思惟像そのものは、中国の北魏《ほくぎ》と隋《ずい》の時代（四世紀後半から七世紀初頭）に盛んに造られたものだ。修行中の釈迦が悩み、思惟する人（悉達多太子《しったつたたいし》）だったことを表している。これが朝鮮半島に伝わり弥勒《みろく》菩薩となり、敏達《びだつ》十三年（五八四）に、百済から弥勒石像がもたらされた。中宮寺の菩薩半跏像は、白鳳《はくほう》時代の作と考えられているが、飛鳥時代の香りを残している。

飛鳥時代の仏像は、技術的にはとても未熟だが、「一生懸命造ってみました」感がたまらなく好きで、ぎこちなさが魅力になっているのだが、それからわずかの間に、このような傑作が生まれたかと思うと、それだけで感動してしまうのだ。

極論すれば、日本の仏教美術は飛鳥時代から白鳳時代にかけて、一気にピークを迎え、その後「堕落《だらく》」していってしまったのだ。そして、鎌倉時代に運慶・快慶という天才仏師が登場し、もう一度ピークを迎えたと、私は勝手に考えている。

堕落の始まりは、なんと言っても、薬師寺《やくしじ》の薬師如来像《やくしにょらい》だな(こんなこと言うから、ありとあらゆるお寺から嫌われる。あ、神社からも嫌われている)。

薬師寺は、天武《てんむ》天皇が皇后・鸕野讃良皇女《うののさららのひめみこ》(持統《じとう》天皇)の夫婦愛の証《あかし》として建てられた寺だ。ただしこれは建前上のことで、天武と持統は、仮面夫婦だったと筆者は考えている(詳細は拙著『壬申《じんしん》の乱の謎』PHP文庫)。天武崩御《ほうぎょ》ののち即位した持統天皇は、藤原不比等《ふひと》と手を組んで、「蘇我的なもの(天武天皇的なもの)」を否定してかかった。最初に手がけたのは、大津皇子《おおつのみこ》の謀殺である。

薬師寺は、「親蘇我派の恨み」を鎮《しず》める場所であり、その点、性格は法隆寺とよく似ている。似ていない点は、法隆寺(創建法隆寺=若草伽藍《わかくさ》)は蘇我氏が、薬師寺は藤原氏が中心となって建立したことだろう。いわば、薬師寺は「藤原氏の勝利宣言」のお寺であって、だからこそ、豪奢《ごうしゃ》きわまりない薬師三尊像に、どうにも権力者の驕《おご》りを感じずにはいられないのだ。

「藤原が嫌いだからそんなことを言うのだろう」

と、おっしゃる?

それなら試しに、蟹満寺（京都府木津川市《きづかわし》）に行けばいい。白鳳時代の国宝釈迦如来坐像が祀られているが、これが薬師寺の薬師如来像に瓜二つなのだ。おそらく、同じ作者が造ったのだろう。ところが、そっくりだがちょっと様子が違う。蟹満寺の仏様は、「憮然《ぶぜん》」としていらっしゃる。まさに、仏頂面《ぶっちょうづら》なのだ。何がご不満なのか……。と、つい考えてしまう。その無愛想な顔立ち……。薬師寺の薬師如来が優等生、お坊ちゃまだとすれば、こちらは、やんちゃな感じ。しかし、次第に、どうにも引き込まれていく。それは、「できの悪い子ほどかわいい」というのではなく、「気骨」を感じるのだ。そして、この仏様を観たすぐあとに薬師寺に向かうと、「あまりにそっくりなので、吹き出しそうになる」のだが、また一方で、蟹満寺は薬師寺の傲慢を嫌っているのだな、と思ってしまうのである。

もちろん、こちらの勝手な思いこみなのかもしれないが……。

ところで、薬師寺は大津皇子の怨霊《おんりょう》を恐れていた。縁起《えんぎ》によれば、大津皇子は死後、悪竜になって雲に昇り、毒を吐いたため、天下は鎮まらなかったとある。

薬師寺東院堂《とういんどう》の本尊《ほんぞん》・聖観世音菩薩立像《しょうかんぜおんぼさつりゅうぞう》は、大津皇子ではないかと思われる。東院堂そのものが、回廊の外に建てられているのも、意味があったのだろう。薬師寺の中で、この仏像がとびきり美しい。この高貴な姿は、何物にも代え難い。薬師三尊像と見比べてみれば、一目瞭然だ。聖観世音菩薩立像のすがすがしさはどうだ……。

県犬養三千代《あがたいぬかいのみちよ》の本心と真心

最後に、もうひとつだけ、仏像を紹介しておきたい。

名品なのに、ほとんど知られていないのが、悔しいのだ。それが、法隆寺大宝蔵院《だいほうぞういん》の阿弥陀三尊像《あみださんぞんぞう》（伝 橘 夫人厨子《たちばなふじんずし》）だ。「橘夫人」とは、藤原不比等に嫁《とつ》いで光明子を産んだ県犬養（橘《たちばな》）三千代のことで、彼女の念持仏《ねんじぶつ》（枕元に祀り、朝夕祈るための仏像）と伝えられている。

大宝蔵院は、東西二つに分かれ、橘夫人厨子は、西側にひっそりとたたずみ、多くの人が、気付かないまま通りすぎてしまう。法隆寺の厨子と言えば、玉虫厨子《たまむしのずし》が有名で、みなそちらばかり気に留めてしまうのだ。しかし、足を止めて、中を覗《のぞ》き込んでほしい。目が慣れてくると、女性的でたおやかな阿弥陀三尊のお姿が、浮かび上がってくるはずだ。たまらなくやさしい笑みを浮かべていらっしゃる。

県犬養三千代は悲劇の人だ。藤原不比等が後宮《こうきゅう》支配のために夫美努王《みぬおう》から寝取った。夫が九州に赴任している隙を突いたのだ。

一説に、県犬養三千代の方が悪女で、夫の美努王と藤原不比等を天秤にかけ、出世しそうな藤原不比等を選んだという。

しかし、阿弥陀三尊像を見るにつけ、県犬養三千代が悪女だったとは思えなくなってくるのだ。不思議なことだが、仏像は依頼主の心根をはっきりと映し出す。これだけ清らかで無垢な表情を見せる仏様は、あまり例を見ない。

そもそも県犬養三千代は、藤原不比等に喜んで嫁いだのだろうか。

美努王は壬申の乱（六七二）で命を張って天武に味方している。親天武派、親蘇我派と考えてよい。美努王と県犬養三千代の間に生まれた葛城王《かつらぎおう》は、後に臣籍降下《しんせきこうか》した時、母親の「橘」の姓を継ぎ、反藤原派として頭角を現した。もし仮に、母が父を裏切っていたなら、この男は「橘姓」を継承しただろうか。橘諸兄《たちばなのもろえ》は妹の光明子とともに、聖武天皇を後押しし、聖武を「天武の子」に豹変《ひょうへん》させている。光明子は藤原不比等の娘というよりも、県犬養三千代の娘を強く意識していたのであり、だからこそ、兄と手を組んだのだろう。

そう考えると、県犬養三千代の本心が透けて見えてくるはずだ。目的のためなら手段を選ばない藤原不比等から、一家を守るために、県犬養三千代は犠牲になったのではあるまいか。

橘夫人厨子の阿弥陀三尊像を見るにつけ、県犬養三千代と光明子親子の心の叫びが聞こえてくるような気がするのだ。

仏像は「鑑賞するものではなく、拝むものだ」とよく聞かされる。それはそうだが、「拝め」と言われても、抽象的でよく分からない。それよりも、仏像を造った人たちの「心の叫び、願い」に、耳を傾けるべきだろう。仏像には、それぞれ、人びとの哀しみ苦しんだ物語が隠されている。要は、仏像が造られた歴史、背景、物語を無視してはならないのだ。

たとえば、興福寺の国宝館でもっとも美しい仏像は「仏頭《ぶっとう》（首から上だけが残っている）」なのだが、ここに、悲しい物語がいくつも重なっている。

まずこの「仏頭」、かつては「山田寺《やまだでら》の仏頭」と呼ばれていた。ところが近年、興福寺が「興福寺の仏頭」に変えてしまったのだ。もともと、山田寺（奈良県桜《さくら》井《い》市。今は何も残っていない。回廊が奇跡的に地中からみつかって、飛鳥資料館に保管され、展示されている）の本尊だった。ところが、興福寺の本尊が焼け落ちてしまったため、興福寺の僧兵が山田寺に押しかけ、盗んで、罪人のように引きずり、再興した興福寺の本尊に据えた。ところが興福寺は再び火災に遭い、本尊は、首の上だけを残して、焼けてしまったのだ。だから、「山田寺の仏頭」と呼ばれていたが、興福寺は「盗んだのではなく、持ってきた」と主張するようになり、今後「山田寺の仏頭」とは呼ばせない、とあいなった。

　物語は、これで終わらない。山田寺は蘇我入鹿《いるか》の従兄弟《いとこ》・蘇我倉山田石川麻呂《くらやまだのいしかわのまろ》の菩提《ぼだい》を弔《とむら》う寺で、冤罪《えんざい》で蘇我倉山田石川麻呂一族は、ここで滅び去った。はめたのは、おそらく中大兄皇子《なかのおおえのみこ》と中臣鎌足《なかとみのかまたり》だ（拙著『豊璋《ほうしょう》　藤原鎌足の正体』河出書房新社）。その中臣鎌足の末裔《まつえい》が興福寺を建てた藤原氏で、ワナにはめて殺した政敵の寺から、本尊を盗んで、「持ってきたのだ」と、主張している。彼らはまったく反省していない。じつに、悲しいことだ。興福寺が仏の道を人に説くのなら、まず、山田寺跡に小さなお堂を建て、仏頭を返すべきではなかろうか。

芸能の美しさと怖ろしさ

なぜ差別は生まれるのか

日本は「芸能の国」でもある。

能《のう》・狂言《きょうげん》、歌舞伎《かぶき》、文楽《ぶんらく》（人形浄瑠璃《にんぎょうじょうるり》）、落語《らくご》など、伝統芸能が盛んだ。しかも日常的に劇場で古典芸能が観られる国は、それほど多くはないだろう。

個人的には、文楽と能と落語が好きなのだが、日本の芸能は、神祀《かみまつ》りと密接な関係にある。いや、正確に言うと、巫女《みこ》が遊び女《め》になったように、神を祀る人びとが、芸能の民になっていったのだ。芸能の民は、神を祀る神聖な人々の末裔だったのである。

やはり日本人は、神と密接につながり、無意識のうちに、神を崇《あが》めているように思えてならない。

ただし、ここから先がややこしいのだが、次第に芸能の民は、差別されていくようになる。そして『風姿花伝《ふうしかでん》』（能の理論書）を記した世阿弥《ぜあみ》は、先祖が鬼（化人《けにん》。祟《たた》る神）だったと言い出してしまう。

第二章で触れたように、中世史が専門の網野善彦は、私的隷属《れいぞく》を嫌って漂泊《ひょうはく》する人びとを「無縁《むえん》の人びと」と呼び、差別される彼らが、天皇を支えていたと指摘した。また、今谷明が反論していることも紹介した。

古代天皇の正体をつかめていないのだから、論争は不毛だったのだが、天皇は神（大自然の猛威）としても、では差別される者たちがなぜ生まれたのか、という問題が残される。

世阿弥はむしろ誇らしげに、「われわれは鬼の末裔だ」と訴えている。ここに、何かヒントが隠されていないだろうか。

戦後の史学界は、天皇と被差別民の問題を色眼鏡《いろめがね》をかけて研究してきた。唯物史観《ゆいぶつしかん》に支配され、「天皇制は廃止すべき」と密《ひそ》かに考えていたのだ。根拠は、「天皇は古代から強大な権力を握っていたから」これを打倒すべきだ、という発想だ。そして、聖なる者（天皇）が存在したから賤《いや》しい者が生まれた、というのである。けれども、天皇がいたから賤民《せんみん》が生まれたのではなく、人間の性《さが》として、差別は生まれるのだと思う。人間が集まれば、いじめられる者が出てくる。

個人的な経験で言えば、組織の中には必ず嫌われ者が存在する。しかも、嫌われ者がいなくなると、その組織の中の誰かが、次の嫌われ者になる。これは、とても不思議なことだが、必ずそうなる。進歩的な学者が言うような、「天皇がいるから、いじめが起きる」のではない。

天皇と差別、天皇と被差別民の問題は、古代史を解《と》くためにも重要な意味を持っているため、「なぜ差別が生まれ、残ったのか」、その理由を考えておきたい。

藤原の内紛に巻き込まれた秦氏《はたし》

ここで取りあげておきたいのは、自然発生的な差別ではなく、「権力者の政治的思惑」によって生み出された差別の話だ。サンプルとして取りあげたいのは、秦氏である。

世阿弥は先祖の秦河勝《はたのかわかつ》を指して、「鬼だった」と言っている。秦河勝と言えば、聖徳太子《しょうとくたいし》に寵愛《ちょうあい》され、京都太秦《うずまさ》の広隆寺を建立した人物として知られる。

秦氏は秦《しん》の始皇帝《しこうてい》の末裔を自称している。つまり、中国から朝鮮半島に渡り、最後に日本にやってきたと言っていることになる。可能性は否定できないが、少なくとも、朝鮮半島南東部（新羅《しらぎ》系、あるいは、新羅系伽耶《かや》と思われる）から渡来した人たちであることは、間違いなさそうだ（『日本書紀《にほんしょき》』ははっきりと来歴を示していない）。おそらく、四世紀末か五世紀頃、大挙して海を渡ってきた。天皇は彼らを集めて、血縁関係とは関係なく、ひとまとめに「君たちは秦氏」と、姓を下賜《かし》した。時代ごとに秦氏の中でもっとも栄えていた人が、氏上《うじのかみ》になったようだ。

秦氏は先進の土木技術を駆使し、各地を開墾《かいこん》し、富を蓄え、また、王家に頼られた。京都嵐山《あらしやま》の渡月橋《とげつきょう》付近の治水（葛野大堰《かどのおおい》）は、秦氏が手がけた。暴れ川が穏やかになり、一帯が豊穣《ほうじょう》をもたらす大地に変貌したのだ。京都発展の礎《いしずえ》を築いたのが、秦氏であり、松尾大社《まつおたいしゃ》（京都市西京区《にしきょう》）や伏見稲荷大社《ふしみいなりたいしゃ》（京都市伏見区）も、秦氏がかかわっている。

欽明（六世紀の天皇）は若い頃、夢で「秦大津父《はたのおおつち》を寵愛すれば、成人後必ず天下を治める（即位する）ことになりましょう」と告げられた。そこで探し求めたところ、山背国《やましろのくに》の深草《ふかくさ》の人であることが分かり、呼び寄せ、厚遇した。すると財政が豊かになったので、即位後大蔵の官に任命したのだった。

『風土記《ふどき》』などにも秦氏にまつわる逸話がいくつも残されるが、必ず「富み栄える」という伝承が附随する。秦氏は殖産の一族であり、古代日本の発展を支えたのだろう。

ところが、ある事件をきっかけに、秦氏は没落していく。それは、長岡京遷都《ながおかきょうせんと》（京都府向日市《むこうし》、長岡京市、京都市にまたがる。平安京《へいあんきょう》遷都の直前に計画された）の工事中に起きた、藤原種継《ふじわらのたねつぐ》暗殺事件である。

第五十代桓武《かんむ》天皇は平城京《へいじょうきょう》を棄《す》て、新都を造営しようと考え、藤原種継を責任者に抜擢《ばってき》した。『続日本紀《しょくにほんぎ》』延暦《えんりゃく》三年五月、造都のために、視察団が派遣された。

桓武天皇が藤原種継を造都の責任者に抜擢したのは、母親が秦氏だったことも、大きな意味を持っていた。一帯を実質的に支配していたのは秦氏だったからだ。秦氏にすれば、それまで渡来系豪族は高い官位を望めなかったから、大きなチャンスと思っただろう。この時期、秦氏は次々と高い官位を授けられている。

ところが延暦四年（七八五）九月二十三日、悲劇的な事件が起きてしまう。藤原種継が、松明《たいまつ》を掲げ工事の監督をしている場面で、射殺《いころ》されてしまったのだ。

事件は意外な展開を見せた。首謀者は芋づる式に捕まり、桓武天皇の弟で皇太子の早良親王《さわらしんのう》が首謀者のひとりと分かった。早良親王は淡路《あわじ》に流されるが、抗議の断食《だんじき》を続け、船中で憤死《ふんし》したと記される。ただ本当は、七日七夜、水も食べ物も与えられず、衰弱死したらしい。このあと早良親王の祟りは恐れられていく。

どうもこの事件、できすぎのきらいがある。藤原種継が真っ先に殺されたから、「藤原は被害者」のように見える。しかし、最後に高笑いしたのは、「その他の藤原氏」であった。

早良親王を推《お》していたのは大伴氏《おおともし》で、なぜか妃に藤原系の女人《にょにん》をひとりも選んでいない。もし早良親王が順調に即位してしまえば、そしてもし、このまま長岡京造営が順調に進めば、勢力を拡大させるのは、藤原の嫁をもらおうとしない早良親王であり、藤原氏と長年闘ってきた大伴氏、そして山背を地盤にして、藤原種継らと朝堂《ちょうどう》の間に閨閥《けいばつ》を構築しようとしていた秦氏であった。これでは、藤原氏による朝堂独占の夢は遠のく。この時代、藤原氏は藤原四兄弟の末裔がそれぞれ四つの派閥を形成して覇を競っていた（武智麻呂《むちまろ》の「南家《なんけ》」、房前《ふささき》の「北家《ほっけ》」、宇合《うまかい》の「式家《しきけ》」、麻呂《まろ》の「京家《きょうけ》」）。藤原種継は式家で、藤原氏のひとり勝ちの中で、今度は藤原氏同士が主導権争いを演じていたのだった。

すなわち、藤原種継暗殺事件は、藤原氏の内紛であるとともに大伴氏や秦氏を排除するための一石二鳥の陰謀ではなかったか。

「我々は鬼」――開き直った秦氏

馬鹿を見たのは、秦氏だった。

筆者は、「中臣鎌足は百済王子・豊璋《ほうしょう》である」と考えている。事実、藤原氏は、白村江《はくすきのえ》の戦いに敗れて亡命してきた百済遺民たちを優遇している。また、聖武天皇の娘・称徳《しょうとく》天皇（独身女帝）が崩御すると、藤原氏は天武系の天皇を立てようと画策した吉備真備《きびのまきび》をねじ伏せ、天智系の光仁《こうにん》天皇を立て、さらに、光仁の皇后と子（皇太子）も陰謀にはめて斥《しりぞ》け、密殺した。皇后は聖武天皇の娘だ。こうして藤原氏は、山部王《やまべおう》を玉座《ぎょくざ》に就ける道筋を作った。これが桓武天皇で、母親は百済王族の末裔である。

このように、藤原氏は「百済系」で、百済王族の血を引いた桓武天皇の即位を熱望したのだ。

すでに述べたように、百済と新羅は犬猿の仲にあり、百済を滅ぼした新羅を、藤原氏はとことん嫌っていたはずだ。だから、新羅系の秦氏の繁栄を願ってはいなかっただろうし、利用するだけ利用して、棄てる腹づもりではなかったか。

もちろん、そこまで意地の悪いことを考えていたとは、断言できない。しかし、秦氏は土地を奪われた挙げ句、没落した。秦氏は、漂泊する人びと、工人や商人、芸能の民を束《たば》ねていたからだろうか。いつの間にか、差別される者になり果てていくのである。

いや、やはり、意地の悪い見方をすれば、藤原氏は「新羅の末裔」を憎み、蹴落《けお》とし、差別するようになったのではなかったか。

とは言っても、人間というものは、虐《しいた》げられれば、虐げられるなりに逞《たくま》しくなっていくものらしく、秦氏は「われわれは鬼」と、開き直っていった節《ふし》がある。

世阿弥の女婿《じょせい》・金春禅竹《こんぱるぜんちく》の記した『明宿集《めいしゅくしゅう》』に、秦河勝が播磨《はりま》に逃れ、神になったという話が載る。話は次のようなものだ。

秦河勝は世を背いて、うつぼ舟に乗って西に向かった。播磨国の人が舟をあげてみると、神になっていた。近隣の者に祟ったので、「大いに荒れる」と書いて、大《たい》荒《こう》大明神と名付けた。坂越《さこし》の浦に宮（兵庫県赤穂《あこう》市の大避《おおさけ》神社）を建てたが、この宮は「猿楽《さるがく》ノ《の》宮《みや》」「宿神《しゅくしん》」と呼ばれるようになった……。

すなわち、『明宿集』の言う「神」とは、祟る鬼だったわけだ。世阿弥の『風姿花伝』にも、秦河勝が人びとに憑依《ひょうい》し、祟ったと記録されている。

なぜ、世阿弥らは、先祖の秦河勝が祟る鬼と語り継いだのだろう。現代人の感覚では、理解しがたい。

本当にこの世を支配していたのは被差別民？

秦河勝は「化人（化物）」とみなされ、また「宿神」と呼ばれる。宿神は、芸能の民の神である。この宿神が曲者《くせもの》で、別名を「摩多羅神《またらしん》」や「翁《おきな》」、「後戸《うしろど》の神《かみ》」という。

中世末から近世にかけて盛んに行なわれた芸能・説経節《せっきょうぶし》に、後戸にまつわる興味深い演目がある。それが、「しんとく丸」だ。

「しんとく丸」は、呪《のろ》いを受け、らい病で盲目になり、卑賤《ひせん》の身となって、四天王寺《してんのうじ》の多くの非人や物乞《ものご》いが集まる場所・いせん堂（引声堂）の裏側の後戸の縁の下に簑笠《みのかさ》を着てうずくまった。ここで「しんとく丸」は、後戸の神に救われるのだ。

後戸の神（秦河勝）と卑賤の人びとは、強くつながっていた。後戸の神は、盧舎《るしゃ》那仏《なぶつ》の守護神だ。後戸の神＝宿神は星宿神とも言い、動かぬ神・北極星のことで、南面する盧舎那仏の背後から、見下ろし、守っているのだ。守護神であり、支配する神でもあろう。

ここに、虐げられた卑賤の者たちの祀る神が、実際には、人びとが絶対に近寄らない後戸で、すなわち盧舎那仏の背後から、この世を支配しているという、なんとも恐ろしい図式ができあがったのだ。人びとが拝む盧舎那仏の後ろ側には、目に見えぬ後戸の神が控えている……。つまり、盧舎那仏に対峙《たいじ》していたつもりが、実際には後戸の神を拝んでいることになる……。

盧舎那仏を「天皇」に、後戸の神を差別される者に置き換えれば、天皇と被差別民の真の関係が、あぶり出されてくるように思えてならない。

網野善彦が指摘するように、本当に被差別民（無縁の人びと）が、天皇を守るだけの力を持っていたのかどうかは分からない。しかし、「後戸の神」という観念を彼らは抱き続け、「差別はされるが、本当にこの社会を支配しているのはわれわれなのだ」という呪いにも似た思いを抱き続け、それが後戸の神の信仰につながっていったことは、理解できるはずだ。

この天皇と被差別民の関係が分かってくると、歴史はさらに面白くなってくるはずなのである。

良い本に巡り合うこと

何から読み始めよう

人生は短い。そして、いそがしい日常。だから、古代史を学ぶと言っても、「良い意味での効率」を考えなければならない。闇雲《やみくも》に「面白そうだから」と難しい書籍を買い込んで読んでみても、退屈で難解で、ただ「読了したという満足感」を味わうだけの代物になり果てる。

それならば、「これがお薦め」という古代史の著書を、ご紹介しよう。

先日、古代史はあまり詳しくないという編集者に、

「これから古代史を本格的に勉強しようと思うのだけど、岩波書店の『岩波講座日本歴史』シリーズ、これは、買いか？」

と質問を受けた。答えは、即座に「NO‼」。

前回のシリーズ、『岩波講座 日本通史』を見ればわかるとおり、それこそ蛸壺《たこつぼ》化された専門家たちが、それぞれの分野の状況を説明しているだけで、歴史を概観できていない。一般の読者には、とても理解できない。入門書として工夫がなされていない。昔の岩波講座が売れたのは、「書棚に飾っておけば、勉強家に見える」というただそれだけで購入した人が大勢いたからだ。同じ発想で、「それぞれの分野の専門家や大家、権威を集めてみました」と言っても、もはや意味がないのだ。読んでいて、退屈で、苦痛で、アホらしくなるのが落ちなのである。

それなら、何を読めばよいのだろう。

まず、これまで数多《あまた》の通史が、大手出版社から刊行されているが、入門書としてお薦めするのは、五十年ほど前に刊行された『日本の歴史』（中央公論社）である。

巻一が「神話から歴史へ」、巻二が「古代国家の成立」、巻三が「奈良の都」、巻四が「平安京」だ。

考古学史料は、古すぎてほとんど意味をなさないが、歴史時代に入ってからの流れが、物語を読むように、興奮する。じつに滑らかで、読みやすい。「相当編集者が文章をいじったのだろうか（失礼）」と、思わせるほど、読ませる。学者特有の、堅苦しさがなく、なおかつ、専門的な話を誰にでもわかるように語っている。古代史入門には、最適の通史だと思う。だからこそ、いまだに他の出版社から、別々に書籍化されているのだと思う。間違いなく、名著である。

中央公論社のこの通史を読み終えても、まだまだ道のりは長い。他の出版社の通史を好みに応じて読み進めてみよう。特に、考古学の進歩はめざましいものがあり、かつての常識は、次々と破られつつある。その点、少し古くなったが、集英社版『日本の歴史①　日本史誕生』（佐々木高明）や『日本の歴史03　大王から天皇へ』熊谷公男（講談社）は、お薦め。ヤマト建国の歴史と七世紀に至る歴史を、考古学を交えて、読み解くことができる。

『日本書紀』をもっと深く知りたいのであれば、中国文学の専門家・森博達の『日本書紀の謎を解く――述作者は誰か』（中公新書）がお薦め。これが『日本書紀』研究の最先端で、また、的を射ている。

森博達は『日本書紀』の言葉と表記を精密に分析している。その結果、唐人が正音正格漢文で執筆したα群と、倭人が倭音・和化漢文で述作したβ群に分かれることをつかんだ。執筆者はひとりではなく、手分けして編纂《へんさん》していたことが分かった。

さらに森博達は、『日本書紀 成立の真実——書き換えの主導者は誰か』（中央公論新社）の中で、『日本書紀』編纂の中心に立っていたのは藤原不比等と推理した。『日本書紀』には一部杜撰《ずさん》な記事があり、死の迫った藤原不比等が、完成を急がせたのではないかと疑っている。大いにあり得ることだ。

さらに、『日本書紀』は、山背大兄王《やましろのおおえのみこ》を美化することによって、蘇我入鹿の悪役ぶりを際立《きわだ》たせたと指摘した。推理が冴え渡っていると思う。ここまではっきりと『日本書紀』の素姓を解明した学者はいなかったから、快挙と言っても過言ではない。古代史の謎も、『日本書紀』を掘り下げることで、しだいに明らかになっていくことだろう。

土門拳の本をお忘れなく

独断と偏見で決める、とびっきりお薦めの書き手は、森浩一、大和《おおわ》岩雄、五来《ごらい》重《しげる》、それから、岸田秀（古代史とまったく関係がないわけではない）だ。

五来重は民俗学から歴史を掘り起こしているのだが、地味ながら、常識破りで、思わず、「そうそう。そういう言葉を待っていた」と、本に頬《ほお》ずりしたくなる気分。角川書店が文庫にしてくれた、『山の宗教』『仏教と民俗』『宗教歳時記』などがある（角川ソフィア文庫）。企画を通した編集者、エライ!!

このくらいだろうか。心の底から、お薦めできる古代史関係の本は……。

あ、それから、絶対に忘れてはいけない本があった。それは、土門拳の写真集だ。これだけは外せない。小学館文庫から、『古寺を訪ねて』のシリーズが出ているが、できれば、大きな本で、じっくりご覧いただきたい。新刊で買えないかもしれない。古書店を探すか、サイトで注文すれば、だいじょうぶ。

何がすばらしいって、仏像を撮らせたら、右に出る者はいない。仏像の真価を見抜ける唯一の天才だった。土門拳の写真集を手にしたら、ほかの写真家たちの仏像には、まったく興味が湧かなくなる（誰とは言わぬが、有名な写真家でも、仏像や奈良の風景写真もふくめて、申し訳ないが、土門拳とは比較にならない）。

七年ほど前だったと思う。六本木のミッドタウン（東京都港区赤坂）で小さな土門拳展（確か富士フイルムがスポンサーだった）が開かれていた。無料で、外国人の若者が群がっていた。土門拳は日本の仏像の真の美しさを切り取っているのだから、じつに神秘的な空気に包まれていた。ひとりの若者が写真パネルに向かって、シャッターを切り、ガードマンに制止されていた。

分かるよ、その気持ち。巨大で繊細なプリント画面の迫力は、仏寺で拝観するのとは、別の感動を与えてくれる。

要は、「仏像はこういうものなのだ」と、土門拳は訴えているのだ。仏像の美は、全世界の人間を感動させるに決まっている。

土門拳が仏像を狙っている時の形相《ぎょうそう》は、まさに鬼だ。鬼が鬼に対峙して闘って、そして、究極の仏像写真を活写している。仏像に閉じこもっていた魂が、土門拳の力で、蘇《よみがえ》っているとしか思えないのである。

もう二度と、こんな写真家は現れないだろう。

土門拳の本に出逢えたことは、人生の僥倖《ぎょうこう》である。

おわりに

蘊蓄《うんちく》を人に自慢してみる

くどいようだが、難解な本を自宅の書棚に並べて見せびらかすようなことは、もはや流行《はや》らない。

あなた自身が、その本の内容を咀嚼《そしゃく》し、自分なりの考えを語ってこそ、価値がある。人様に嫌われようがどうなろうが、古代史の蘊蓄を披瀝《ひれき》してみればいいのだ。

蘊蓄といっても、ただ又聞きの知識を並べるから、みんなうんざりするのであって、あなた自身の斬新なアイディアであったり、度肝《どぎも》を抜くような発想を語り出せば、誰もが目を輝かして食いついてくれるだろう。

むずかしく考えることはない。むしろ簡単なことではないだろうか。

文献から古代史をひもとこうとする学者と、考古学の物証から古代史を解《と》き明かそうとする学者たちが、セクションを作り、お互いの縄張りを侵《おか》さないという慣習がある。だから門外漢《もんがいかん》が、「それはおかしい」と、指摘できる環境が整っているのだ。縁台将棋を批評することは、自由なのだ。大いにやれば良いではないか。

そして究極の極意——関裕二を信じること

そして、じつにおこがましい話かもしれないが、行き着くところは、「関裕二の本」なのだと思う。どこがお薦めかって?

まず、発想の原点は、「蘇我入鹿《そがのいるか》は、意外にいいヤツだったんじゃないか」だった。だから、入鹿神社(奈良県橿原《かしはら》市小綱《しょうこ》町)に行ってみた。すると、「蘇我入鹿公御旧跡」の石碑を発見した。「公」「御」って、「罪人には使わないよなあ」と、不審に拍車がかかった。なぜか地元の人々は蘇我入鹿を慕っていたのだ。すると、「この一帯の住民は、戦前まで、多武峰《とうのみね》の集落とは、婚姻関係を結ばなかった」と、噂を聞きつけた。そう書いてある本も見つけた。多武峰に祀られているのは、蘇我入鹿を殺した中臣鎌足《なかとみのかまたり》である。

ウ~む。これは、おかしい……。大悪人・蘇我入鹿の正体を突きとめなければ、死ぬに死ねぬ……。そう思い、本を書き、なんとかここまで生き抜いてきた。

きっかけがこれで、結論は「藤原は悪いヤツだった」ということで、しかも二世紀後半の邪馬台国《やまたいこく》とヤマト建国のドタバタと愛憎が、七世紀、八世紀の政局に結び付いていたことも、はっきりとした。どこにも矛盾《むじゅん》がない。単純明快!! だから、お薦め!!

そして、ここが肝心なのだが、関裕二の本は、通史や通説を、しっかり勉強してから読んだ方が、面白いかもしれない。これまでの常識を知っている人、学者の言うことが絶対に正しいと信じている人にとって、小生の本は「逆転する楽しさ」があるはずだ。逆に、通史も知らない人間が私の本を読んでも、「へえ、そうなんだ」で、終わってしまいそうで、怖いのである。

さてさて、古代史は入口さえ間違わなければ、これほど面白い「お勉強」は、ほかにはない。誰もが、新たな事実を発掘できるのだ。どうかひとつ、名探偵になったつもりで、古代史の謎解きの世界に迷い込んでほしい。

なお、今回の文庫化にあたり、ＰＨＰ研究所の中村悠志氏、編集担当の武藤郁子氏に御尽力いただきました。改めてお礼申し上げます。

合掌

主な参考文献

『日本書紀』日本古典文学大系（岩波書店）
『日本書紀』新編日本古典文学全集（小学館）
『風土記』日本古典文学大系（岩波書店）
『萬葉集』日本古典文学大系（岩波書店）
『萬葉集』新編日本古典文学全集（小学館）
『続日本紀』新日本古典文学大系（岩波書店）
『魏志倭人伝・後漢書倭伝・宋書倭国伝・隋書倭国伝』石原道博編訳（岩波文庫）
『扶桑略記・帝王編年記』黒板勝美編　新訂増補国史大系第12巻（吉川弘文館）
『日本霊異記』中田祝夫訳注（講談社学術文庫）
『世阿弥　禅竹』日本思想大系24（岩波書店）
『日本の歴史』（中央公論社）
『日本古代人名辞典』竹内理三・山田英雄・平野邦雄編（吉川弘文館）
『日本の歴史　第1巻　列島創世記』松木武彦（小学館）
『ブルーガイドブックス　奈良と大和路』足立巻一（実業之日本社）

『韓国の古代遺跡2　百済・伽耶篇』森浩一監修　東潮・田中俊明編著（中央公論社）
『聖と俗の葛藤』堀一郎（平凡社ライブラリー）
『二十世紀を精神分析する』岸田秀（文春文庫）
『稲荷信仰と宗教民俗』大森恵子（岩田書院）
『弥生文化の成立』金関恕（角川選書）
『日本人の起源』中橋孝博（講談社選書メチエ）
『海を渡った縄文人』橋口尚武編著（小学館）
『無縁・公界・楽』網野善彦（平凡社ライブラリー）
『室町の王権』今谷明（中公新書）
『隠された十字架』梅原猛（新潮文庫）
『海人と天皇　下』梅原猛（新潮文庫）
『日本書紀の謎を解く――述作者は誰か』森博達（中公新書）
『日本書紀 成立の真実――書き換えの主導者は誰か』森博達（中央公論新社）
『「前方後方墳」出現社会の研究』植田文雄（学生社）
『不比等を操った女』梅澤恵美子（河出書房新社）
『奈良時代の政争と皇位継承』木本好信（吉川弘文館）

著者紹介
関　裕二（せき　ゆうじ）
1959年、千葉県柏市生まれ。歴史作家。武蔵野学院大学日本総合研究所スペシャルアカデミックフェロー。仏教美術に魅せられて足繁く奈良に通い、日本古代史を研究。文献史学・考古学・民俗学など、学問の枠にとらわれない広い視野から日本古代史、そして日本史全般にわたる研究・執筆活動に取り組む。
主な著書に、『蘇我氏の正体』（新潮文庫）、『豊璋 藤原鎌足の正体』（河出書房新社）、『おとぎ話に隠された古代史の謎』『ヤマト王権と十大豪族の正体』『検証！古代史「十大遺跡」の謎』『古代日本人と朝鮮半島』『万葉集に隠された古代史の真実』（以上、PHP文庫）など。

本書は、2015年1月にＰＨＰ研究所より発刊された『古代史は知的冒険』を改題し、加筆・修正したものである。

PHP文庫　こんなに面白かった
古代史「謎解き」入門

2020年2月18日　第1版第1刷

著　者　関　裕二
発行者　後藤淳一
発行所　株式会社ＰＨＰ研究所
東京本部　〒135-8137　江東区豊洲5-6-52
PHP文庫出版部　☎03-3520-9617(編集)
普及部　☎03-3520-9630(販売)
京都本部　〒601-8411　京都市南区西九条北ノ内町11
PHP INTERFACE　https://www.php.co.jp/
組　版　有限会社エヴリ・シンク
印刷所
製本所　図書印刷株式会社

 ISBN978-4-569-76886-1